福建琴人史料辑录

张俊波　黄志禄　辑

浙江人民美术出版社

晋　顾恺之　《斫琴图》（局部）

唐　周昉　《调琴啜茗图》（局部）

宋　赵佶　《听琴图》（局部）

元　王振鹏　《伯牙鼓琴图》（局部）

宋　佚名　《朱熹像》

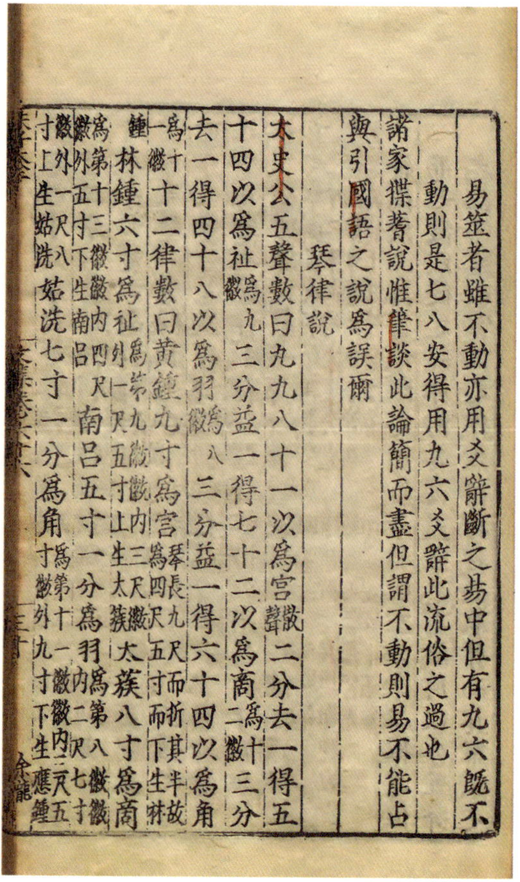
易筮者雖不動亦用爻辭斷之易中但有九六旣不
動則是七八安得用九六爻辭此流俗之過也
諸家揲蓍説惟筆談此論簡而盡但謂不動則易不能占
與引國語之説爲誤爾

琴律説

太史公五聲數曰九九八十一以爲宮（聲徽）二分去一得五
十四以爲祉（爲九徽）三分益一得七十二以爲商（爲十二徽）三分
去一得四十八以爲羽（爲八徽）三分益一得六十四以爲角
（爲十一徽）十二律數曰黃鍾九寸爲宮（琴長九尺而折其半故爲四尺五寸而下生林
鍾）林鍾六寸爲祉（爲第九徽徽內三尺徽外一尺五寸上生太蔟）太蔟八寸爲商
（爲第十三徽徽內四尺徽外五寸下生南呂）南呂五寸一分爲羽（爲第八徽徽內二尺七寸
徽外一尺八寸上生姑洗）姑洗七寸一分爲角（爲第十一徽徽內二尺五寸徽外九寸下生應鍾）

宋　朱熹　《晦庵先生朱文公文集·琴律说》

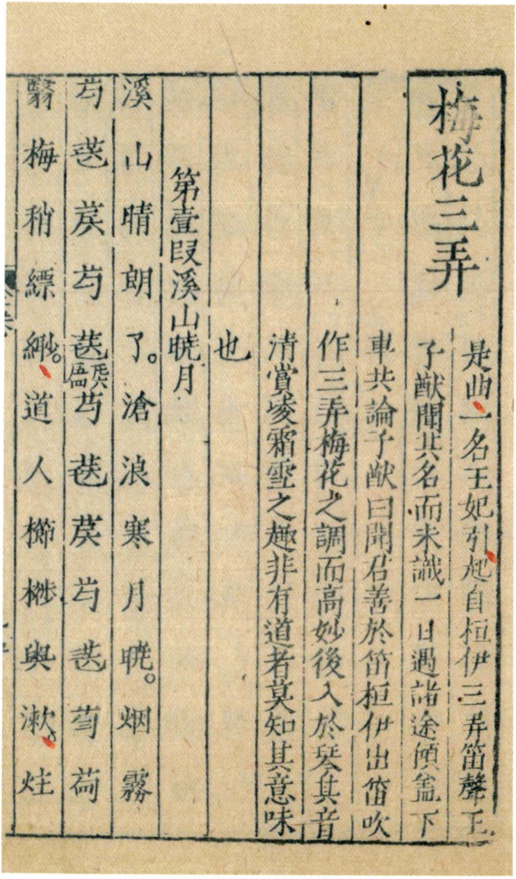

梅花三弄

是曲一名王妃引起自桓伊三弄笛聲王子猷聞其名而未識一日遇諸途傾盖下車共論子猷曰聞君善於笛桓伊出笛吹作三弄梅花之調而高妙後入於琴其音清賞凌霜雪之趣非有道者莫知其意味也

第壹叚溪山曉月

溪山晴朗了。滄浪寒月曉。烟霧芍莛莀芍莛乍偏芍莛莀芍莛芍荷翳梅稍縹緲。道人擲梻與潄炷

明　杨表正　《新刊正文对音捷要琴谱真传·梅花三弄》

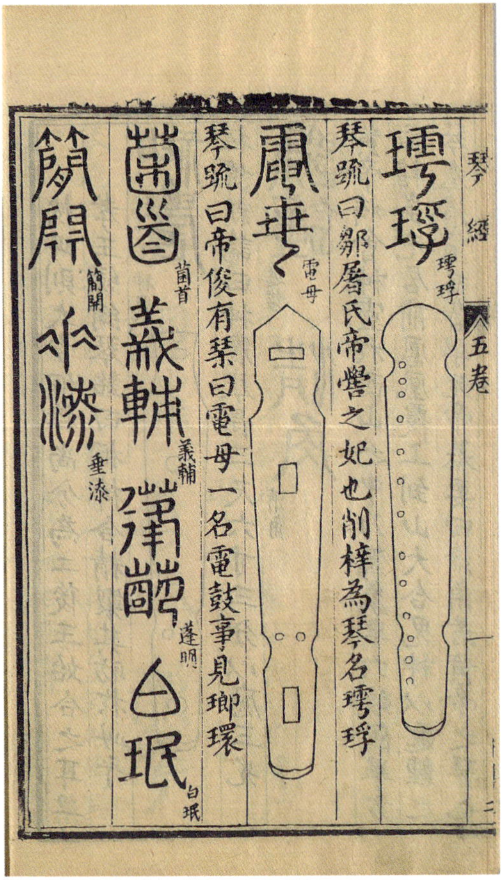

瑀琈

琴號曰鄒屠氏帝嚳之妃也削梓為琴名瑀琈

雷母

琴號曰帝俊有琹曰雷母一名雷鼓事見瑯環

菌首

義輔

蓬明

白珉

簡開

垂漆

明　张大命　《太古正音琴经·历代名琴》

清　张鹤　《琴学入门·坐位五体各规》

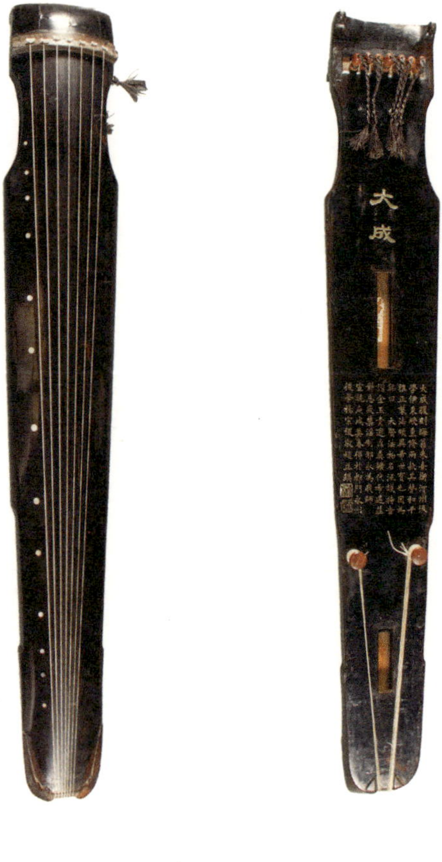

宋　朱熹　大成琴

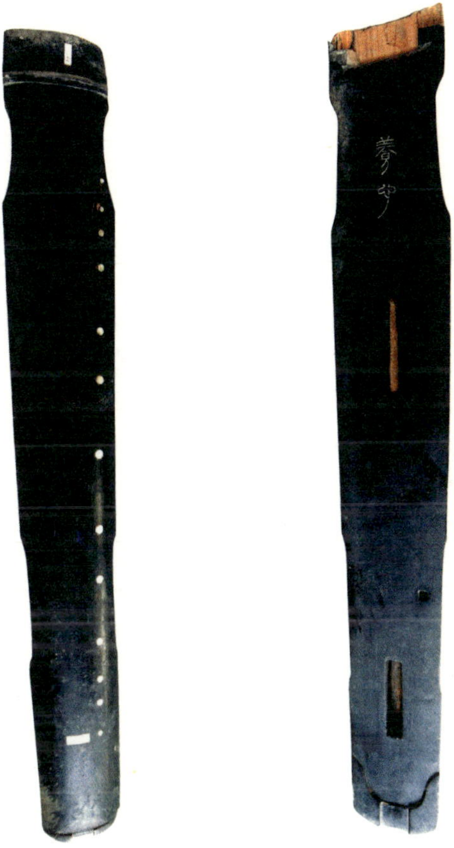

清　祝凤喈　养心琴

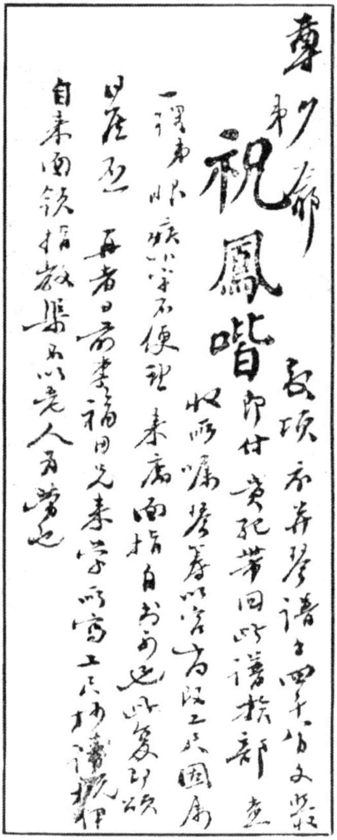

清　祝凤喈墨迹

序

中国社会自古崇尚礼乐并重，礼乐文明在数千年的中华文明发展史上产生了重大而深远的影响，至今仍有强大的生命力。所谓君子讲求“礼乐不可斯须去身”，换句话说，就是礼和乐是正人君子安身立命的基础。《礼记·乐记》中谈到：“乐由中出，礼自外作。”讲的是乐生于心，是内心的写照，而礼则是由外而内的规范。如此一来，唯有礼乐并举，方能内外兼顾。“甲骨四堂”之一的罗振玉在《增订殷虚书契考释》中写道：“（樂）从丝，附木上，琴瑟之象也。”甲骨文中的“乐”字，用木上附丝会意琴瑟一类的乐器。著名音乐史学家黄翔鹏曾指出，现存传统音乐有三大宝库，首屈一指的，就是七弦琴的遗产。“七弦琴音乐包含了从先秦至清代的音乐，它对中国音乐史的意义，相当于古钢琴、钢琴在欧洲音乐史上的意义。欧洲中世纪的一些音乐，后来的室内乐、声乐、交响乐、歌剧，都可以被包含在古钢琴和钢琴音乐之中。古琴音乐则包含了中国古来各个时期的各种传统音乐。”

古琴之所以在中国传统文人心目中的地位非常特殊，在于它远不止是被作为一种音乐技艺来传授的，而是被当作提升人的全面文化修养的一个重要组成部分。古琴是修心养性的载体，在我国，琴学素有与做人、与道德情操的培养相联系的教育传统，其产生渊源甚早，且有着深厚的文化基础。古琴的教学自然就不同于许多其他乐器或歌舞技艺的传授，习琴之人学习琴艺也不光是为了谋生的需要。因而有学者认为单纯学艺以供娱乐是属于“艺”的体系，而琴学则应归于音乐教育中“人”的体系。琴乐教育中的人文色彩在西周时就已经形成，这在《诗经》中多有体现，反映了当时社会的伦理观念。在古代官学教育体系中音乐教育不存在的情况下，琴学教育在很多时候却与学校教育有着直接或间接的关系，就像到明代出现许多琴歌的研习，在多数情况下，并不是单纯传艺的问题，而是文人、琴家试图将琴学教育与学校教育内容相联系的结果。将琴学教育通过琴歌演唱的方式，使之与当时学校教育内容相联系，从而具有“人”的而非“艺”的教育意义。明代福建三明的琴家杨表正也是以擅长琴歌的创作而闻名，他就非常看重琴的修身作用，说琴“将以治身，育其情性，和矣”，反映了他对琴的道德教育功能的重视。重视心之德、乐之道，“故曰‘德不在手而在心，乐不在声而在道’”。

由于古琴自古就区别于一般的乐器，所以说琴人在古代的地位就显得非常特殊。查阜西先生有言：“欲得琴史，必先得琴人。”中国历史上第一部独立的琴史专著、宋代朱长文的《琴史》就是采用了编纂正史时所用的纪传体写法。他按帝王圣贤、乐师琴家、文人名士等分类，按照时代顺序，并借鉴正史的编纂方式，以类似正史的体例结构整合，加上自己独特的见解与发挥，形成了相对完备的琴学史籍的体例结构，也标志着中国古代琴论已经从政论、史论、文学等其他相关的学科独立出来，而这种以人治史的传统，也为后来琴家所采纳。以后的琴史都是在此基础上的继续补充和发展。

福建的古琴艺术及琴人又是怎么样的呢？我们先简单地介绍一下福建文化。福建自古地灵人杰，曾创造过许多光彩夺目的古代文化，像远古的几何印纹陶、宋代的教育文化、明清的航海技术等都享誉中外。同时，历史上也出现过朱熹、李纲、李贽、李光地、林则徐、严复等文化名人，皆蜚声天下。福建在历史上曾被誉为“海滨邹鲁”。

福建有“八姓入闽”之说，指的是西晋永嘉之乱以后，北方移民大量南迁，有以八大姓氏为首的中原移民迁入福建的史实。实际上，在永嘉之乱以前，早有汉人移居福建。只不过永嘉入闽的汉人，无论在数量或影响上都是前所未有的，因此后人以此作为汉人入闽的标志。唐、五代时期是北方汉人进入福建的第二个高潮阶段，其影响更为深远，主要因为迁居福建的北方汉人中不乏各地的文人学士。这些名流入闽加速了福建地方文化教育的发展，可以说唐、五代是福建文化始兴的重要转折点，为宋代福建文化的繁荣奠定基础，而福建的古琴艺术也差不多在这个时候开始兴起。

我把福建的古琴艺术发展历史归纳为三个时期：唐宋（萌芽时期）、明清（兴盛时期）、近现代（复兴期）。

历史上福建的古琴活动，可追溯至五代末年至北宋初年，当时即有琴人郑文宝。《宁化县志》卷十四《郑文宝传》载：“（郑文宝）又工鼓琴，尝学琴于崔遵度。”崔遵度称赞他弹琴“恐古有之，若今则无”。据中央音乐学院音乐研究所、北京古琴研究会编辑出版的《历代琴人传》载，宋代福建琴人有何薳、林抟、大儒朱熹等十余人。朱熹擅琴，首次提出“琴律”概念，为传统律学的发展做出贡献。南宋的福州侯官人郑昂已著有《琴史》一书。明代福建琴人有永安杨表正，建阳张大命，晋江李贽、孔希岛等四十余人。其中李贽提出“琴者心也，琴者吟也，所以吟其心也”，否定了传统“琴者禁也”的主张，产生了深远影响。清代有近八十人，其中有连城林霞起等琴人。康熙年间，出现以李光塽为代表的安溪琴派，名噪一时，对台湾古琴活动产生深刻影响。清代台湾古琴谱抄本《滋兰阁琴谱》（1863），与李光塽编订于乾隆二十年（1755）的《兰田馆琴谱》有着密切的传承关系。从实际内容的对比来看，《滋兰阁琴谱》在指法符号、条目编排顺序、指法说明文字、古琴曲目与《兰田馆琴谱》有着高度的相似性。乾隆年间，福建琴人有晋江黄大临等。清代后期，有同安琴人苏瑞桢。清代晚期，则以浦城琴人祝凤喈（字桐君）为代表。到了近代，由于经济的发展，闽派古琴的中心逐渐移到了福州和闽南一带。民国时期，福州知名琴师有刘含章、黄濂、何振岱，闽南琴坛则以黄松、周子秀最为著名。20世纪80年代后，福建著名琴家、国家级非遗传承人李禹贤由上海音乐学院到福州，创办劲草琴堂，广收学生，传承古琴技艺，传播古琴文化。

琴界对“琴者禁也”“琴者心也”也讨论颇多，这两种观点都与福建的琴学有很大关系。其中，朱熹是“琴禁”思想的坚持者，明代李贽则是“琴心”思想的提出者，两位琴家均来自福建这块土壤。历史上朱熹最早撰写《琴律说》，其丰富的律学思维和细致的表达，说明其不仅是一个精通古琴，有着深厚古琴弹奏实践经验的琴家，同时又是一个具有很高乐律学造诣的学者。朱熹对古琴的理解体现了传统儒家视琴为修身理性、返其天真之具的思想。朱熹还创作过三首琴曲，著名的《碧涧流泉》即为其所作；且有斫琴，现浙江博物院收有朱熹所斫之琴。继其所学的琴人真德秀所提出的“淡和”观点，对后世“清微淡远”的琴学主张产生了直接的影响。

《乐书》为宋崇宁二年（1103）福州闽清人陈旸撰并进献宫廷，陈旸是两宋时宫廷雅乐派的代表人物。《太古正音》成书于明代万历乙酉年（1609），由张大命（字右衮）辑，共十四卷，前有琴经，收琴谱五十二曲，其中十二曲有歌词。《琴适》为明刊《燕闲四适》（琴、棋、书、画）之一部，由七闽人孙丕显编于明万历辛亥年（1611），所收十三曲与《绿绮新声》全同。《新刊正文对音捷要琴谱真传》，明万历乙酉年（1573）杨表正（字本直）撰。该书前半部为《通纪》；后半部是《琴操》，都是曲谱，计收有历史名曲名词一百零二首。该书问世后，备受音乐界的赞赏，说“其文之粹，如金之精，如玉之润”，称赞杨表正“与古之伯牙无异也”。据《福建通志》载，此后的操琴者都按《琴谱大全》所指，遵循奉行。清代则有祝桐君撰写《与古斋琴谱》四卷，《补义》一卷。还有随其研习的张鹤，辑有《琴学入门》（同治三年，1864）一书，该书收二十曲，其中《阳关三叠》《渔樵问答》等至今仍流行。《琴学尊闻》，由郭柏心辑，于同治三年甲子刊刻，收十三曲。《兰田馆琴谱》，由李光塽编订，成书于乾隆二十年，收曲三十六首。

福建古琴艺术在明代便出现“闽派”之称，“闽派”最早见于明代琴人刘珠《丝桐篇》中：“近世所习琴操有三，曰江、曰浙、曰闽。”清代黄筱珊在1878年刊印的《希韶阁琴瑟合谱》自序中认为：“无论金陵之顿挫，中浙之绸缪，常熟之和静，三吴之含蓄，西蜀之古劲，八闽之激昂，派虽各异，其间轻重徐疾，刚柔合度，皆有一定之节奏。”我们现今听到的李禹贤老师打谱的清代祝桐君所作古琴名曲《风云际会》就很好地表现了“八闽之激昂”的特点。

历史上第一部独立的琴史专著为宋代朱长文的《琴史》，其中按时代收入上古至北宋共一百五十五位琴人。之后，又有南宋福州人郑昂的《琴史》及明代米万钟的《琴史》，可惜这两部琴史都没有传世。编于1914年的周庆云《琴史补》和《琴史续》则将琴史延续到清代，两书共收有六百七十七位琴人的相关记载。到20世纪50年代，在查阜西先生主持下编纂完成的《历代琴人传》，共收入琴人二千余人，其中刊载有福建琴人九十多位。

《福建琴人史料辑录》收录从五代到民国时期福建琴人的史料。民国时期主要的大型琴事活动有1919年8月苏州的怡园雅集，1920年2月在北京的岳云别业举行的琴会及同年上海的晨风庐琴会，以及1936年在苏州成立的今虞琴社组织的活动。这些活动都有较详细的参与者资料，故我们辑录史料还包括《今虞琴刊》中刊载的相关内容。另外，需要说明的是，由于战乱，民国时期的一些琴人雅集活动虽有开展，但因我们现有的资料尚不完整明了，故待以后查找到更完整的资料再予以补入，如琴人吴肇周（字基西）、吴子美等。

需要说明的是，本书并非文学传记，我们本着“有一分资料，说一分话”的态度，言而有据地记录福建历史上的琴人史料，不媚俗、不夸大，不虚言、不溢美，不推测、不想象，对听说过，但在文献及琴史中查找不到或存疑的则不收入其中，如宋代福清的刘诜等。

本书在《历代琴人传》所整理的福建籍琴人基础上，主要做了以下几点工作：

一、校对讹误。由于《历代琴人传》为手抄油印资料，难免在字句上有所错漏。我们通过原书校对、版本互校等方式，将错字、漏字等一一修订。如龙岩琴人谢廷宝，《琴人传》延续了《琴史续》的错误，抄写成“谢廷宾”。此外，若所据原书字迹漫漶不清，则以“□”阙之。

二、扩大查找范围，丰富琴人资料。除了地方志外，我们通过查找正史、琴谱、墓志、笔记、别集、报刊等材料，补充相关生平事迹、诗文作品等，让琴人的形象更加丰满、立体。例如宋初的郑文宝能诗，钱锺书说他是负有盛名的诗人，风格轻盈柔软。他善篆书，其师徐铉曾得意地向人夸耀说："篆字难于小而易于大，文宝的篆书小字胜过李阳冰，大字则与之不相上下。"现存西安碑林的《峄山碑》即为郑文宝所摹刻。明代琴人张大命，福建建阳人，除琴人身份之外，他还是武进士，立过赫赫战功，除琴书《太古正音》外，还编撰有兵书若干卷。

三、增补琴人数量。我们参考《历代琴人传》对琴人的收录标准，增补琴人六十多位。其中有代表性的，如林占梅，他字雪村，号鹤山，祖籍在同安，明季迁至台湾，善琴，著有《潜园琴余草》，其中记载了大量与琴有关的诗作。其友人徐宗幹称赞道："鹤山善琴，手挥目送，别有会心，故诗味多琴味。"

需要说明的是，本书凡辑录古籍，其小字注文部分（包括出处、注释等），整理时字体均同于正文而以括号标注，随文排布，编者注则采用仿宋字体，以示区别。

囿于学识，本书定有不足、错漏，亟待方家指正。同时，抛砖引玉，希望有更多的后来者关注福建古琴，共同推动福建古琴在当代的发展。

目　录

序

宋　代……………………………………………… 1
郑文宝……………………………………………1
何　蘧……………………………………………3
陈　旸……………………………………………4
林虚极……………………………………………5
林　抟……………………………………………6
陈　杰……………………………………………7
陈克勤……………………………………………8
黄　铢……………………………………………8
刘子翚……………………………………………9

郑　昂……………………………………………… 10
苏绍成……………………………………………… 11
黄　址……………………………………………… 11
朱　熹……………………………………………… 12
真德秀……………………………………………… 14
蔡元定……………………………………………… 17
萧长夫……………………………………………… 18
阮　逸……………………………………………… 19
李至规……………………………………………… 20

明　代………………………………………………… 21
苏伯厚……………………………………………… 21
吴　海……………………………………………… 23
丁　同……………………………………………… 25
朱宗明……………………………………………… 25
马　铎……………………………………………… 26
陈　辉……………………………………………… 26
周末镛……………………………………………… 27
黄　铣……………………………………………… 27

郑文贤…………………………………………………… 28
吕景鸣…………………………………………………… 28
孔希岛…………………………………………………… 29
李开芳…………………………………………………… 30
郭彦贵…………………………………………………… 31
罗嗣元…………………………………………………… 32
赵希抃…………………………………………………… 32
温　显…………………………………………………… 33
张大命…………………………………………………… 34
杨表正…………………………………………………… 36
黄维珪…………………………………………………… 37
李　贽…………………………………………………… 38
郑邦俶…………………………………………………… 40
孙丕显…………………………………………………… 41
杨日烶…………………………………………………… 42
陈钟琠…………………………………………………… 42
艾逢节…………………………………………………… 43
王　陞…………………………………………………… 43
林真士…………………………………………………… 44

林　铭……………………………………………… 45
郑　祐……………………………………………… 46
张　颐……………………………………………… 47
吴必兴……………………………………………… 47
温　恭……………………………………………… 48
史继佃……………………………………………… 49
魏时敏……………………………………………… 51
余重谟……………………………………………… 53
王　珵……………………………………………… 53
王秀蕙……………………………………………… 54
盛　接　徐　昆…………………………………… 54
邱大儒……………………………………………… 54
暨日华……………………………………………… 55
黄道周……………………………………………… 55
宋　珏……………………………………………… 56

清　代………………………………………………… 58
林　仁……………………………………………… 58
李正捷……………………………………………… 58

吴　晋…………………………………………………… 58
郑善述…………………………………………………… 59
林尧光…………………………………………………… 61
李光堜…………………………………………………… 62
李世珣…………………………………………………… 65
林　伟…………………………………………………… 65
林霞起…………………………………………………… 65
颜　超…………………………………………………… 66
陈震岳…………………………………………………… 67
陈登龙…………………………………………………… 67
许馥荃…………………………………………………… 68
梁韵书…………………………………………………… 69
梁符瑞…………………………………………………… 70
黄大临…………………………………………………… 70
郑洛英…………………………………………………… 71
谢廷宝…………………………………………………… 71
陈　盛…………………………………………………… 72
张　烈…………………………………………………… 72
吴　景…………………………………………………… 72

吴景伯　吴　统　吴国望 …… 73
梁运昌 …… 74
陈　远 …… 78
许赓皞 …… 78
许赓年 …… 79
祝凤鸣 …… 79
祝凤喈 …… 80
祝安甫 …… 81
祝庆年 …… 81
卢信臣 …… 82
郭柏心 …… 82
黄而辉 …… 82
陈颙奎 …… 83
王　宫 …… 84
吴宜蛰 …… 84
姜大观　康兆元 …… 84
邓　松 …… 85
何淑蘋 …… 85
张如玉 …… 86

苏瑞桢……………………………………………… 86
刘　渡……………………………………………… 88
杨　氏……………………………………………… 88
林云心……………………………………………… 88
江鸿祯……………………………………………… 89
何汇海……………………………………………… 90
何家骏……………………………………………… 91
黄应缵……………………………………………… 91
余昌景……………………………………………… 92
何述善……………………………………………… 92
陈春树……………………………………………… 93
陈果生……………………………………………… 94
周蕊芳……………………………………………… 94
张胤奎……………………………………………… 95
卢慎徽……………………………………………… 96
虞时昌……………………………………………… 96
王嗣汨……………………………………………… 96
沈友龙……………………………………………… 97
张　迪……………………………………………… 97

杨凤来……97
黄履中……98
曾廷凤……99
李　氏……99
朱一六……99
林占梅……99
叶鸿元……101
余代淳……102
詹绍安……102
李启南……103
邱　兴……103
童　昆……103
童一雄……104
黄正傅（年代未详）……104

民　国……106

李迪瑚……106
何振岱……107
周振音……109

黄　松……110
刘含章……110
黄　溓……111
周子秀……111
郭同甫……112

有名无传者……115
明　代……115
民　国……115

参考文献……117

索　引……126

宋代

郑文宝

《琴史续》卷二　郑文宝，字仲贤，尝学琴于崔谕德遵度。崔谓杨大年曰："郑仲贤弹琴，恐古有之，若今则无。吾箧中畜雷朴（又作琴朴）一琴，号水泉者，乃江南故国清风阁所宝，本欲携葬泉下，托君赠之，为我于龙池题数字记于腹。此琴之声可盖余琴六七面。"仲贤殁，其子於陵，进于秘府。（《续湘山野录》）

康熙《宁化县志》卷四　郑文宝，字仲贤（《闽书》作字伯玉），彦华子。旧志云郑家坊人，初仕南唐李后主，以文学选为清源公书记，迁校书郎。后主归宋，封陇西郡公，南唐故臣皆录用。仲贤独不自言，落魄梁楚间。后主以环卫奉朝请，不纳客谒，仲贤披蓑荷笠，作渔者以见，宽慰备至。后主嘉叹其忠。及后主云亡，仲贤乃赴贡举，登太平兴国八年进士，淳化二年拜殿中丞，奉使川陕均税，奏捐商人到岸钱。行次渝涪，闻夔州戍卒变，乘舸顺流，一夕数百里。至，悉擒斩之。使还，面加赏劳，赐五品服。寻迁陕西转运副使。会岁歉，劝诱豪户出粟三万斛，活饥民八万六千余。累官至工部侍郎。尝从徐铉学文，尤长于诗，善篆书，工鼓琴，有集三十卷，《谈苑》二十卷，皆轶勿传。惟《南唐近事》二卷，《江表志》三卷，行于世。其《题缑山》诗云："秋阴漠漠秋云轻，缑氏山头月正明。帝子西飞仙驭远，不知何处夜吹笙。"后晏元献守洛，过而见之，取白乐天语，书其后曰："此诗在在处处，有神物护持。"又《题绿野堂》云："水暖凫鹭行哺子，溪深桃李卧开花。"欧阳文忠谓"工部风味，不减少陵、摩诘"，其推重之如此。他诗散见于《宋文鉴》及《杨文公谈苑》《古今诗话》。如《读江总传》云："行人慵过景阳宫，宫畔离离禾黍风。庭玉有花空怨白，井莲无步莫愁红。吟诗风雅才虽大，亡国君臣道最同。争羡暮年归故里，纶竿回避钓鱼翁。"又《送秦长官罢秩》云："众论才名外，新人似古人。官嫌容易达，家爱等闲贫。解印诗权在，移风泽国春。政声交不得，惭见故乡民。"又《送曹纬刘鼎二秀才》云："旦夕春风老，离心共黯然。小舟闻笛夜，微雨养花天。手笔人皆有，曹刘世所贤。彬侯重才子，从此看莺迁。"又《赴关过中州经石子镇驿》云："得罪先朝出粉闱，五原功业有谁知。年深放逐无人识，白雪关头一坐时。"五言如《边上》云："鬓间相似雪，峰外寂寥烟。"《送人知韶州》云："碧落春风老，朱陵古渡头。"《郊居》云："百草千花路，斜风细雨天。"七言如《洛城》云："星沉会节歌钟早，天半上阳烟树微。"《重经贬所》云："过关已跃樗蒲马，误喘犹疑顾兔奔。"《南行》

云："失意惯中迁客酒，多年不见侍臣花。"《赠张灵州》云："越绝晓残蝴蝶梦，单于秋引画龙声。"《送人归湘中》云："满帆西日催行路，一夜东风落楚梅。"《栖灵隐寺》云："旧井霜飘仙界橘，双溪时落海边鸥。"《永熙陵》云："承露风清驹送日，觚陵人静鸟呼风。"《长安送别》云："杜曲花光浓似酒，灞陵春色老于人。"司马公亟称之，盖宋代钜公，传诵郑句，不一而足。惜乎皆零玑碎玉，无由睹全璧也。

何　薳

《琴史续》卷一　何薳，字子远，浦城人。博学多闻，工诗，善鼓琴。章惇、蔡京相继柄国，遂不仕。晚号韩青（《直斋书录解题》作"寒青"）老农。著《春渚纪闻》，内有《杂书琴事》一卷。南渡时以遗老终，从祀忠义祠。（《浦城县志》）

光绪《续修浦城县志》　薳字子远，博学多闻，工诗，善鼓琴。章惇、蔡京相继柄国，遂不仕。晚号韩青（《直斋书录解题》作"寒青"）老农。著有《春渚记闻》十卷，内《杂记》五卷，《东坡事实》一卷，《诗词事略》一卷，《杂书琴事》附《墨说》一卷，《记砚》一卷，《记丹药》一卷。其特述苏轼者，以父盖东坡所荐士也。南渡时以遗老终，从祀忠义祠，从兄遯。

《琴书存目》　何薳撰《杂书琴事》，《春渚纪闻》本。

陈 旸

《琴史续》卷一 陈旸，字晋之，福州人，历官至礼部侍郎。通晓乐律，尤精于琴，尝谓琴声有经、有纬、有从：宫商角徵羽文武以上为经声；黄钟及大吕闰晖以上十三声为纬声；风雅声、阴阳声、武成声、吟咏声、谈话声、始息声、五音声、五调声、长乐声、胡笳声、止息声、吴声、蜀声、齐声、楚声、度弦摘声、蹙臑抑扬声、调弦龊掠声、长弹掉搦声、楚清侧声、雅质侧声、蠲扶轮指声、宛美清声、高望远侧声，凡此二十四声为从声。至于取声之法，又有木，有泛，有散，有末，有剔，有拣，有擘，有绰，有镲，有龊，有伦，以总之，诚去四清二变以谐音律，则琴音调而天下治矣。（《宋史》《陈氏乐书》）

弘治《八闽通志》卷六十二 陈旸，字晋之，祥道之弟也。中绍圣制科，授顺昌军节度推官。徽宗初，进《迓衡集》以劝导绍述，得太学博士、秘书省正字。礼部侍郎赵挺之言，旸所著《乐书》二十卷，贯穿明备，乞援其兄进《礼书》故事给札。既上，迁太常丞，进驾部员外郎，为讲议司参详礼乐官，累官礼部侍郎。尝坐事夺，已而复之，卒。

乾隆《福州府志》卷五十九 陈旸，字晋之，中绍圣制科，授顺昌军节度推官。徽宗初，进《迓衡集》以劝导绍述，得太学博士、秘书省正字。礼部侍郎赵挺之言，旸所著《乐书》二十卷，贯穿明备，乞援其兄祥道进《礼书》故事给札。

既上，迁太常丞，进驾部员外郎，为讲议司参详礼乐官。

魏汉津议乐，用京房二变四清。旸曰："五声十二律，乐之正也。二变四清，乐之蠹也。二变以变宫为君，四清以黄钟清为君。事以时作，固可变也，而君不可变。太簇、大吕、夹钟，或可分也，而黄钟不可分。岂古人所谓尊无二上之旨哉？"时论方右汉津，绌旸议。

进鸿胪太常少卿、礼部侍郎，以显谟阁待制提举醴泉观，尝坐事夺，已而复之。卒，年六十八。（《宋史·儒林传》）

林虚极

乾隆《福建通志》卷六十　林虚极，漳州人，善鼓琴。蚤岁出家，籍名天庆观。年三十，云游名山。宣和间，至京师。时兴七科，虚极中琴科，引御奏琴称赏。凡入宣召，赐赉有加。差知神霄玉清万寿观，号金坛郎。乞归漳，许之。蕊珠殿侍宸徐知常赠诗云："鹤氅星簪出海滨，丹书为友鹤为宾。朅来上国翻真帙，归指云山喜气新。刻意寻真契妙元，冰弦未鼓已悠然。掌中自握灵文秘，飞锡那知路八千。"

《琴史续》卷七　林虚极，善弹琴。十岁出家为道士，十五籍名天庆观。年三十云游名山，历五十州军。宣和间，至京师。时兴七科试，中琴科，引御奏琴称赏。凡入宣召，赐赉有加。差知神霄玉清万寿观，号金坛郎，佩金紫。乞归漳，许之。蕊珠殿侍晨徐知常送之以诗。（《兰红波碧楼笔记》）

林 抟

弘治《八闽通志》卷六十三　林抟，字图南，福清人。举八行，入太学。政和五年中特科，授楚州参军，不赴。退隐于灵石九叠峰之下，乡人因目为九峰公。抟好鼓琴，尝欲学琴于皇甫道士，道士却之。归至余杭，闻道士死，涕泣呕血不食曰："此音绝矣。"不远千里返吊之，未入门而恸。时道士实无恙矣，感其意，因授以琴法。抟天性豪逸，尝有谒者以琴请，即携出户去，遇可其意者始为一鼓。徽庙三召入内，为鼓《悲风》一曲，上恶其名，不乐而罢。有琴谱三卷，诗二卷。图南，一本作冲南，又按《科名志》特奏名并无抟名，未详。

崇祯《闽书》卷六　九叠峰，宋林抟隐焉。抟，字图南，举八行，入太学。政和中，授楚州参军，不赴，隐九叠峰下。天性豪逸，好鼓琴。有皇甫道士善琴，欲从之学，道士不应。一日，闻道士死，曰："此音绝矣。"涕泣不食，不远千里返吊之，造门而恸。乃道士实在，闻哭声，感其意，出授以琴法。抟既得道士法，有以琴请者，即携琴出户，遇可意，为一鼓。徽宗闻抟名，召入鼓者三。抟为鼓《悲风》之操，徽宗不乐，罢。后改为《碎玉》。皇朝郭万程曰：宋徽机巧多技艺，修礼乐，为弥文，穷极淫乐，作兵乐祸，天变民怨。图南为鼓《悲风》，意深远矣。

康熙《福清县志》卷六　林抟，字图南，举八行，入太学。政和五年特奏科，授楚州参军，不赴。退隐于灵石九叠峰之下，乡人目为九峰公。好声诗鼓琴，尝学琴于皇甫道士，道士却之。归至余杭，闻道士死，泣涕呕血不食曰："此音绝矣！"不远千里返吊之，未入门而恸。时道士无恙，感其意，因授以琴法。其天性豪逸，尝有谒者以琴请，即携出户去，遇可意者，始为一鼓。徽宗三召入内，为鼓《悲风》一曲，上恶其名，不乐而罢，遂改《悲风》为《碎玉》。年七十，趺坐而逝。有琴谱三卷、诗三卷传于世。

《琴史续》卷二　林抟，字图南，福清人。举八行，入太学。政和五年特奏科，授楚州参军，不赴。退隐于灵石九叠峰之下，乡人目为九峰公。好声诗鼓琴，尝学琴于皇甫道士，道士却之。归至余杭，闻道士死，泣涕呕血不食曰："此音绝矣！"不远千里返吊之，未入门而恸。时道士无恙，感其意，因授以琴法。抟天性豪逸，尝有谒者以琴请，即携出户去，遇可意者，始为一鼓。徽宗三召入内，为鼓《悲风》一曲，上恶其名，不乐而罢，遂改《悲风》为《碎玉》。年七十，趺坐而逝。有琴谱三卷传于世。同邑陈杰，字希古，从抟学琴，有名，隐于市，市尝置邮，中多停骖问希古者。又有陈克勤者，善鼓琴，通韬钤诸书，而尤长于诗词。（《福清县志》《八闽通志》）

陈　杰

崇祯《闽书》卷一百二十六　陈杰，字希古，从林抟学琴，有名。隐于渔溪市，市尝置邮，中多停骖问希古者。又有陈克勤，善鼓瑟，通韬钤、遁甲诸书，而尤长于诗词。

陈克勤

弘治《八闽通志》卷六十三 宋陈克勤，福清人，善鼓琴，尤长于诗词。同县人陈杰，字希古，尝学琴于林抟，亦有名。

黄 铢

弘治《八闽通志》卷六十五 黄铢，字子厚，崇安人。少师事刘子翚，与朱熹为同门友，少熹一岁，为文略相上下，熹每叹其不可企及。其文喜学太史公，诗喜屈宋曹刘，而下及应物。尤喜琴书，隶法甚古，得魏晋以前笔意。其于骚词，能以楚声古韵为之。既卒，熹为序其集。

崇祯《闽书》卷一百二十八 黄铢，字子厚，朱文公年十五六时，与相遇于刘屏山斋中。铢少文公一岁，读书为文，略相上下。一日忽踊跃猛进，出语惊人，文公叹其超然不可追逐。其后诗文益工，琴书益妙，而文公有志于学，不暇与铢较量文字间矣。然每得其诗文笔札，未尝不赏叹移日。铢文学太史公，诗学屈宋，书隶学魏晋以前。其于骚词，能以楚声古韵为之节旋，抑扬高下，俯仰疾徐之间，凌厉顿挫，幽耿回郁。晚节诗弥高古，遂与世亢，至不复可以示人。或者得之，亦不省为何等语也。

刘子翚

《闽中理学渊源》卷六《文靖刘屏山先生子翚》　刘子翚，字彦冲，崇安人。赠太师，韐之季子，以父任补承务郎，辟真定府幕属。韐死靖康之难，先生痛愤，庐墓三年。服除，通判兴化军。寇入闽境，与郡将张当世画计备卫，如素服戎事者，贼不敢犯。年方三十，自以哀毁致羸疾，不堪吏责，丐闲局，主管冲佑观以归，不出者凡十七年。世家屏山下潭溪之上，有园林水石之胜，俯仰其间，尽弃人事，自号病翁。独居危坐，嗒然竟日夜，意有所得，则笔之于书。至闻人有片言之善，则从容咨叩，必竭两端。后生来问学，则随其器识告语成就，无倦色。间数日，辄一走父墓，涕咽或累日乃返。事继母吕夫人及兄子羽、子翼极尽孝友。兄子珙幼敏嗜学，先生教之不懈，珙卒有立焉。素与胡原仲、刘致中为道义交，每相见，讲学外无一杂言，所与游皆当世知名士。朱韦斋且死，嘱晦庵师事之。晦庵将冠，先生命字祝词。晦庵尝言：某蚤以童丫获侍左右，先生始亦但以举子见期，某窃窥见其自为与教人者若不相似，暇时僭请焉。先生嘉其志，乃开示为学门户，朝夕诲诱不倦。先生深于《易》，家有东、西二斋，东以复名，西以蒙名。一日，晦庵侍疾，请问先生平昔入道次第。先生欣然告之曰："吾少未闻道，官莆田时，以疾病始接佛老之徒，闻其所谓清净寂灭者而心悦之，以为道在是矣。比归，读吾书而有契焉，然后知吾道之大，其体用之全乃如此，抑吾于《易》得入道之门焉。所谓不远复者，则吾之三字符也，佩服周旋，罔敢失坠。于是尝作《复斋铭》《圣传论》以见吾志，然吾忘吾言久矣，今乃相与言之，汝尚勉哉！”晦庵顿首受教。先生妻死，不再娶，以兄子翼幼子坪为后。年四十七得微疾，即入谒宗庙，泣别母夫人前，遍以书告诀素所往来者，召其侄珙付以家事，指示葬处。既已，则与学者论说修身求道之要，作训诫数百言，弹琴赋诗，澹如平日。后两日而殁。学者称屏山先生，谥文靖。有文集二十卷。

郑　昂

《书史会要》卷六　郑昂，字尚明，福州人，善笔翰，尝撰《书史》二十五卷。

《笔精》卷六《董山书史》　宋郑昂，字尚明，号董山，祭酒郑穆之孙也。作《书史》，起伏羲，终五代，凡二十五卷，今轶弗传。昂善书，九仙山蓬莱峰盘石上有题名，径尺许，古劲绝伦，昂所书也。

《晦庵续集》卷三《答蔡季通》　昨因见人说琴无归着，谩疏所疑，得数千字。欲写奉寄，而昨晚一哥方报，今日便有人行，遂不暇及，当俟后便也。或有郑尚明《琴史》十余卷，紧要处都不曾说着，只是闲话耳。其书亦是集古今人所说，乃止如此，是凡事不曾有人理会到底也。

苏绍成

崇祯《闽书》卷一百三十八 苏绍成，德化人，委业天庆观，后隐北山。朱文公尝造其庐，书“廉静”二字赠之，且铭其琴曰：“养君中和之正性，去子忿欲之邪心。乾坤无言物有则，我独与汝钩其深。”

嘉靖《德化县志》卷九 苏绍成，邑人，不知何里团。委业于郡城天庆观（今玄妙观），后隐于北山。朱文公颇善之，尝造其庐，书“廉静”二字与之，且铭其琴曰：“养君中和之正性，禁尔忿欲之邪心。乾坤无言物有则，我独与子钩其深。”（宋郡志）

乾隆《泉州府志》卷六十五 苏绍成，德化人，委业于泉郡天庆观（今元妙观），后隐泉山。朱文公尝造其庐，书“廉静”二字与之，且铭其琴曰：“养君中和之正性，禁尔忿欲之邪心，乾坤无言物有则，我独与子钩其深。”（《闽书抄》）

《琴史续》卷七 苏绍成，德化人，委业于泉郡天庆观，后隐泉山，善鼓琴。朱文公尝造其庐，书“廉静”二字与之，且铭其琴曰：“养君中和之正性，禁尔忿欲之邪心。乾坤无言物有则，我独与子钩其深。”（《闽书》《泉州府志》）

黄 址

弘治《八闽通志》卷六十七 黄址，晋江人。长于诗，有集。又有《南华贞经解》《琴书人觉》一十卷。

道光《重纂福建通志》卷七十二　《琴书入览》十卷，黄址撰。《续文献通考》：《闽书》“入览”误作“人觉”，兹从《闽大纪》。

朱　熹

《文会堂琴谱》　朱熹作《碧涧泉》。

《诚一堂琴谈》卷二《纪事》　朱晦翁精于琴，数著《琴辨》，与蔡季通往复数四，其曰“季通不能琴”，斯亦履其事而造其理之一箴也。

朱紫阳作《月波》《碧涧流泉》《冰清吟》。

民国《福建通志》卷二十五　《琴律说》，建阳朱熹著。《琴书存目》云：“考《宋史·乐志》载朱子与学者共讲琴法云：‘以《礼运正义》推之，则每律各为一宫，各有五调。’（案：此朱子《答吴元士书》也。）然《朱子语类》云：‘如黄钟为宫，大吕为角，太簇为徵，应钟为羽，自是四乐。各举其一者而言之，以大吕为角，则南吕为宫；太簇为徵，则林钟为宫；应钟为羽，则太簇为宫。’此朱子说《周礼》不言每律一宫，每宫五调，乃言大吕为羽，则太簇为宫云云，则似近于刘几所议景灵旧宫法矣。岂朱子明于琴法，而《周礼》则偶忘之欤？其《琴律说》云：‘今俗乐之谱：厶则合之为黄也，マ则四下之为大也，マ则四上之为太也，二则一下之为夹也，二则一上之为姑也，マ则上之为中也，厶则句之为蕤也，厶则尺之为林也，フ则工下之为夷也，𠄌则工上之为南也，儿则凡下之为无也，川则凡上之为应也，六则六之为黄清也，丌则五下之为大清也，丌则五上之为太清也，丌则五紧之为夹清也。此声俗工皆能知之，但或未识古律之名，不能移彼以为此。陈澧《声律通考》云："十六字谱，宋时俗工所用以记每弦之十六声也。所以造此十六字谱者，当时每一弦之第一声（散声也）皆谓之黄钟，其第二声（手按第一柱）皆谓之大吕，名为律吕，而实非律吕。故俗工别以十六字记十六声。每弦第一声谓之合声，第二声谓之下四字也。又从而减省趋便，则合作厶，四作マ，不成字体，传写易讹，《词源》刻本之误，余已正之。"朱子《琴律说》刻本尤误，既订正《词源》，则《琴说》之误不必改而自明矣。

《琴史续》卷一　朱熹，字元晦，一字仲晦，徽州婺源人。绍兴十八年进士，累官焕章阁待制，秘阁修撰，卒赠宝谟阁学士，谥曰文。淳祐元年从祀孔庙。熹于学无所不通，尝与学者共讲琴律，谓定律之法十二律，并用太史公九分寸法为准，损益相生，分十二律及五声，位置各定。按古人以吹管声傅于琴上，如吹管起黄钟，则以琴之黄钟合之，声合无差，然后以次遍合诸声，则五声皆正。唐人纪琴，先以管色合字定宫弦，乃以宫弦下生徵，徵上生商，上下相生，终于少商。下生者隔二弦，上生者隔一弦取之。凡丝声皆当如此。今人苟简，不复以管定声，其高下出于临时，非古法也。

调弦之法，散声隔四而得二声，中晖亦如之而得四声，八晖隔三而得六声，九晖按上者隔二而得四声，按下者隔一而得五声，十晖按上者隔一而得五声，按下者隔二而得四声。每疑七弦隔一调之六弦，皆应于第十晖，而第三弦独于第十一晖调之乃应，及思而得之，七弦散声为五声之正，而大弦十二律之位，又众弦散声之所取正也。故逐弦之五声皆自东而西，相为次第。其六弦会于十晖，则一与三者，角与散角应也；二与四者，徵与散徵应也；四与六者，宫与散少宫应也；五与七者，商与散少商应也；其第三、第五弦会于十一晖，则羽与散羽应也。义各有当，初不相须，故不同会于一晖也。

旋宫诸调之法，旋宫古有“随月用律”之说，今乃谓不必转轸促弦，但依旋宫之法而抑按之，恐难如此泛论。当每宫指定，各以何声取何弦为唱，各以何弦取何律为均，乃见详实。又以《礼运正义》推之，则每律各为一宫，每宫各有五调，而其每调用律取声，亦各有法。此为琴之纲领，而说者罕及，乃阙典也。当为一图，以宫统调，以调统声，令其次第、宾主各有条理。仍先作三图：一各具琴之形体、晖弦、尺寸、散声之位，二附按声声律之位，三附泛声声律之位，列于宫调图前，则览者晓然，可为万世法矣。观熹之言，其于琴法本融末粲，至疏达而至缜密，盖所谓识其大者欤！（《宋史》）

《琴书存目》 朱熹，字符晦，徽州婺源人，绍兴十八年进士，官至华文阁待制，谥文，追封信国公，撰《琴律说》。

真德秀

《宋史》卷四百三十七《真德秀传》 真德秀字景元，后更为希元，建之浦城人。四岁受书，过目成诵。十五而孤，母吴氏力贫教之。同郡杨圭见而异之，使归共诸子学，卒妻以女。

德秀长身广额，容貌如玉，望之者无不以公辅期之。立朝不满十年，奏疏无虑数十万言，皆切当世要务，直声震朝廷。四方人士诵其文，想见其风采。及宦游所至，惠政深洽，不愧其言，由是中外交颂。都城人时惊传倾洞，奔拥出关曰："真直院至矣！"果至，则又填塞聚观不置。时相益以此忌之，辄摈不用，而声愈彰。及归朝，适郑清之挑敌，兵民死者数十万，中外大耗，尤世道升降治乱之机，而德秀则既衰矣。杜范方攻清之误国，且谓其贪黩更甚于前，而德秀乃奏言："此皆前权臣玩愒之罪，今日措置之失，譬如和、扁继庸医之后，一药之误，代为庸医受责。"其议论与范不同如此。然自侂胄立伪学之名以锢善类，凡近世大儒之书，皆显禁以绝之。德秀晚出，独慨然以斯文自任，讲习而服行之。党禁既开，而正学遂明于天下后世，多其力也。

所著《西山甲乙稿》《对越甲乙集》《经筵讲义》《端平庙议》《翰林词草四六》《献忠集》《江东救荒录》《清源杂志》《星沙集志》。既薨，上思之不置，谥曰文忠。

《西山先生真文忠公文集》卷二十七《送萧道士序》　大江以西，天下多名山处，玉笥则其尤也。按道家言，是为梁萧子云修炼昇真之地，然其事迹茫昧，不可复考矣。余在豫章时，考按图书，慨然有高举远游之思，念将上印绶于朝，凌大江，陟西山，欵旌阳之庐，窥洪崖之井，繇葛峰以历玉涧，溯章水而登崆峒之颠，出麻源，道樵川，然后归而自休焉。事顾有大谬不然者，越三年，□□湘中，又二年而召，假涂清江，郡人张元德邀余为阁皂之行。垂命驾，弗果，则所谓玉笥者，固无因而至焉。盖前后数年，再蹑江西之境，而四五名山者，迄不获寄一迹其间，吁，可恨矣！

今年惫卧于招鹤之草堂，有方士自玉笥来见者，视其谒则氏萧而名守中也。曰：嘻，子非子云之裔也耶！乡吾欲游玉笥而不可得，今见从玉笥来者，得问此山无恙，则吾志亦惬矣。因留之山房，数与语，而又知其能琴与诗也。余于丝桐之奏盖所喜闻，而有未忍者，独索其诗读之，则皆翛然清绝，非吸沆瀣、餐朝霞者不能道也。夫山川之秀杰者，其钟于人必异，因吾子襟韵之不凡，益以信玉笥之为奇观也必矣。虽然，有疑焉，子之名中而字默也，岂非以多言为诫耶？

予闻伯阳氏之为道也，损之又损，以至于无为，故学之者亦必堕肢体，黜聪明，离形去智，然后同于大通。今子戒于言而归之默，善矣。顾未能亡琴与诗焉，是知多言之害而未知多艺之累也。子默逌然而笑曰："有是哉！然琴以养吾之心而吾本无心，虽终日弹而曰未尝弹，可也；诗以畅吾之情而吾本无情，虽终日吟而曰未尝吟，可也。琴未尝弹与无琴同，诗未尝吟与无诗同，曾何累之有哉？"予曰："子之言，达矣。"遂书以为东归之赠。

宝庆丙戌中元前六日，西山居士真某序。

余素不善书，诗与序既成，以授笔史书之，视子默之色，若有不怿然者。予友金华王子文埜偶留西山，慨然为余书之，笔力清劲可喜。余文不足道，安知不藉是以传乎！

蔡元定

《宋史》卷四百三十四《蔡元定传》　蔡元定字季通，建州建阳人。生而颖悟，八岁能诗，日记数千言。父发，博览群书，号牧堂老人，以程氏《语录》、邵氏《经世》、张氏《正蒙》授元定，曰："此孔孟正脉也。"元定深涵其义。既长，辨析益精。登西山绝顶，忍饥啖荠读书。

闻朱熹名，往师之。熹扣其学，大惊曰："此吾老友也，不当在弟子列。"遂与对榻讲论诸经奥义，每至夜分。四方来学者，熹必俾先从元定质正焉。太常少卿尤袤、秘书少监杨万里联疏荐于朝，召之，坚以疾辞。筑室西山，将为终焉之计。

元定于书无所不读，于事无所不究。义理洞见大原，下至图书、礼乐、制度，无不精妙。古书奇辞奥义，人所不能晓者，一过目辄解。熹尝曰："人读易书难，季通读难书易。"熹疏释《四书》及为《易诗传》《通鉴纲目》，皆与元定往复参订；《启蒙》一书，则属元定起稿。尝曰："造化微妙，惟深于理者能识之，吾与季通言而不厌也。"及葬，以文诔之曰："精诣之识，卓绝之才，不可屈之志，不可穷之辩，不复可得而见矣。"学者尊之曰西山先生。

其平生问学，多寓于熹书集中。所著书有《大衍详说》

《律吕新书》《燕乐》《原辩》《皇极经世》《太玄潜虚指要》《洪范解》《八阵图说》，熹为之序。

《宋史》卷八十一《律历十四》 淳熙间，建安布衣蔡元定著《律吕新书》，朱熹称其超然远览，奋其独见，爬梳剔抉，参互考寻，推原本根，比次条理，管括机要，阐究精微。其言虽多出于近世之所未讲，而实无一字不本于古人之成法。其书有《律吕本原》《律吕证辨》。《本原》者，黄钟第一，黄钟之实第二，黄钟生十二律第三，十二律之实第四，变律第五，律生五声图第六，变声第七，八十四声图第八，六十调图第九，候气第十，审度第十一，嘉量第十二，谨权量第十三。《证辨》者，造律第一，律长短围径之数第二，黄钟之实第三，三分损益上下相生第四，和声第五。权臣既诬元定以伪学，贬死舂陵，虽有其书，卒为空言，呜呼惜哉！

萧长夫

《西山先生真文忠公文集》卷二十七《赠萧长夫序》 始余少时，读六一居士序琴之篇，谓其忧深思远，有舜与文王、孔子之遗音，而淳古淡泊，与尧舜三代之言语、孔子之文章、《易》之忧患、《诗》之怨刺无以异，为之喟然，抚卷太息，曰："琴之为技，一至此乎！"其后官于都城，以琴来谒者甚众。静而听之，大抵厌古调之希微，夸新声之奇变，使人喜欲起舞，悲欲涕零，求其所谓淳古淡泊者，殆不可得。盖时俗之变，声音从之，虽琴亦郑卫矣。屈子有言："览椒兰其若兹兮，又况揭车与江蓠？”琴犹如此，则凡世俗之乐日沦于胡夷而不可禁者，固其所也。

三山萧长夫学琴四十年，饥寒留落，困悴无憀，独不肯迁就其声以悦俚耳。嘉定丙子秋，过予大江之东。予与之登钟山，访定林，酌寒泉而拊修竹。长夫忻然，为鼓一再行。雍雍乎其熏风之和，愔愔乎其采兰之幽，跌荡而不流，凄恻而不怨，信六一之言有不吾欺者。盖其尝游紫阳先生之门，习闻君子之义，其能穷而不变也固宜。虽然，游先生之门者众矣，顾未闻有不变其学如君之不变其技者，此予之所以重叹也。

于其行，饮之酒而为之歌曰：古音之寥寥，听者欲睡兮。新声之洋洋，喜不知止兮。自战国已然，况今之世兮。嗟嗟萧君，娱众所弃兮。我琴可破，志不可徙兮。彼斫方为圜，真子所耻兮。霜风翛翛，裂子之袂兮。子毋好游，从此归兮。予将俟子于仙游，从子于武夷兮。

宋端仪《考亭渊源录》卷二十三　萧长夫，福州人。

乾隆《福州府志》卷五十八　朱子门人无事实可纪者，附记姓名。萧长夫，闽县人。黄杲，字升卿，闽县人。

阮　逸

乾隆《福建通志》卷四十七　阮逸，字天隐，建阳人。天圣五年进士。景祐初知杭州，郑向上其所撰《乐论》十二篇并律，与胡瑗俱召赴阙，同校钟管十三律，分造钟磬各一虡。康定元年，上《钟律制议并图》三卷，皇祐中更铸太常钟磬，召瑗、逸与近臣太常议秘阁，遂典乐事。迁屯田员外郎，著有《易筌》《王制井田图》等书。

民国《福建通志》卷二十五　《琴集图》一卷，建阳阮逸著。《琴书存目》云："见秘书目。"考《胡瑗传》，逸官镇军节度使推官。又考《宋史·乐志》："景祐中，诏侍从、礼官参定声律。"阮逸、胡瑗实预其事，故皇祐中有阮逸乐。《乐志》言阮逸上《钟律制议并图》三卷，又言阮逸所上《编钟四清声谱法》，不言其《琴集图》。然志云：所造大竽、大笙、双凰管、两仪琴、十二弦琴并行。钟既有图，琴安得无之？逸已见经部易下。

李至规

民国《福建通志》卷四十五　李至规，号淡轩，侯官人，状元黄朴之女，适尚书李珏子。善抚琴、画兰，为郎中孙荣甫作《九畹图》，自序其后曰："予家双井公，以兰比君子，父东野翁甚爱之，予亦爱之。每女红之暇，尝写其真，聊以备闺房之玩，初非以此求闻于人也。（王恽《秋涧集》）

明　代

苏伯厚

弘治《八闽通志》卷六十五　苏伯厚，名埣，以字行，建安人。聪敏博学。元季，左丞阮重其名，累荐不起。益自韬晦，以养亲读书为乐。国朝洪武乙丑，有司以明经荐，授建宁府训导，后学多所造就。升赴晋府伴读，未赴。太宗皇帝即位，以知者荐，与修《太祖皇帝实录》，迁翰林侍书。复与修《永乐大典》，升检讨。两典春闱文衡，进讲东宫。其为学本于诚实，议论皆有根据。卒于官。有《素履集》。后以子镒恩，赠吏部员外郎。

崇祯《闽书》卷九十三　苏伯厚，名埣，以字行。父照，见元韦布。伯厚孝行见重，累荐不起。洪武乙丑，以明经授建宁训导，后学多所造就。升晋府伴读，未赴。永乐初，预修《太祖实录》，迁翰林侍书。复预修《永乐大典》，升简讨。两典春闱文衡，进讲东宫，卒。伯厚学本诚实，议论皆有根据，有《素履集》。子鉴，永乐间以明经授中书舍人，官至稽勋郎中。弟仲简。

康熙《建宁府志》卷三十九 苏伯厚，名埣，以字行，建安人，照之子。博通经史，精书法绘画，曲艺小数，无不精到。元季，左丞阮德柔重其名，将表荐之，力辞不就。明初，有司荐至京，以亲老辞归。复举为建宁训导，以启迪后进为己任。学基侵为军营，伯厚画图以示有司，复之。朱文公祠在所治，艰于造谒，捐赀从置学中。升周府伴读，未赴。太宗即位，伯厚以荐与修高庙实录，升翰林院侍书，复与修《永乐大典》，升检讨。两考春闱，进讲东宫。其学本于诚实，议论皆有根据。卒于官，自号素履。所著有《素履集》十卷。明祀于府学尊贤堂。

道光《重纂福建通志》卷二百十四 苏伯厚，名埣，以字行，建安人。父照，字明远，元至正间以明经荐，欲授以官，以亲老辞。工画，尝为黄叔旸作《墨菊图》，侑以竹石，时称名笔。伯厚幼聪颖，博通经史，于琴棋书画，曲艺小数，咸精到。元季左丞阮德柔重其名，累荐不起，以养亲读书为乐。洪武十八年，以明经荐授本府训导。学地旧为军卫所侵，力复之。成祖即位，以荐预修《太祖实录》，擢翰林侍书。复预修《永乐大典》，迁检讨。两典会试，进诣文华殿，称旨。在翰林几十年，绝无私谒。尚书郑赐有师友之旧，未尝一至其门。赐常请见，必规以正言。其为学本于诚实，论议皆有依据。卒于官，遗命题其墓曰“有严先生”。祭酒胡俨，称其恩义均骨肉，礼教诏子孙，为时通儒。弟仲简，名境，亦以字行，善文辞，与兄伯厚、弟叔敬、季雅自相讲授。洪武初，亦以明经荐崇安训导。

吴 海

弘治《八闽通志》卷六十三 吴海，字朝宗，闽县人。在元季以学行著称。顾时方绎骚，遂无仕进意。一时名人如贡师泰、林泉生、蓝晦、王翰，皆重其为人，深敬畏之。国初，部使者欲荐于朝，海力辞家居，采摭古今孝子顺孙、节妇烈女，及兄弟之相友、娣姒之相宜者，附以感应祸福，各为一卷，以贻闾巷小人、妇女童稚，使诵而习之，名曰《命本录》。又著书论杨墨佛老为六经之贼，管商申韩为治道之贼，遗事外传为史氏之贼，芜词蔓说为文章之贼。欲上之人悉取书而禁绝之，使天下晓然知正道之当趋，名曰《书祸》。平居喜闻过，因扁其接宾客之所曰闻过斋。尝慕邹鲁士风之厚，欲徙居之而不克，因以鲁客自号。为文严整雅奥，一归诸理，有《闻过斋集》行于世。

《琴史续》卷二 吴海，字朝宗，一字鲁客，闽县人。元季以学行称，绝意仕进。洪武初，守臣欲荐诸朝，力辞免。既而征诣史局，复力辞。尝以十金质一大古琴，名曰霜钟，其声清以亮，爱之甚，调之三年，反其人，不能忘，以赞记之。傅德谦作琴操，名《感春》，海和之，其辞曰："春之阳兮卉木俱菲，运之愆兮，六合俱腓。时既迈兮可追，文欲坠兮凛乎予中之危。予朝不食兮苦饥，夕不寐兮式歌以唏。悠悠昊天，曷慰我思。"海与永福王翰善，劝翰徇元而抚其孤成立，可谓不

负友矣。（《莼湖漫录》）

《闻过斋集》卷七《琴赞》 元统甲戌，予以十金质一大古琴，名曰霜钟。其声清以亮，韵以辨，自然而超然而远。闲尝试之，数琴合奏一曲，出户远听之，众声之中，一声掩众声而独鸣者，霜钟也，信其宝矣，爱之甚。调之三年，反其人。不能忘之，为之赞以记之："匪丝匪桐，丰山之钟。匪搏匪拊，至音沨沨。凝霜在野，素月流中。冥心有契，神化无功。"

霜钟本泉州某故家世器，至治间，苏某者为泉州府推官，求于故家，不与。后以事起狱，其家出百金以赂，不许，必得琴乃已。既得，甚宝之，虽百金不易也。后家贫，其子以质十金于予，予复宝之。三年而赎归，持价尚五十金。又数年，家益贫，遂十五金货之。予亦不能复售也，因赞霜钟，漫记其事。

《闽中理学渊源考》卷四十二《吴闻过先生海》 吴海，字朝宗，闽县人。元季四方盗起，隐居不仕。学周、程、张、朱之学，一时名人如贡师泰、林泉生、蓝晦、王翰皆雅重之。翰尝仕元，海数励之。至翰卒，以节著。海教养其子偁，底于成立焉。明初，部使者欲荐于朝，力辞免。既而征诣史局，复力辞。居家采摭古今孝子顺孙、节妇列女，与兄弟之相友爱、娣姒之能和睦者，附以感应祸福，以教乡里。又著书言杨墨佛老为六经之贼，管商申韩为治道之贼，遗事外传为史氏之贼，芜辞荒说为文章之贼，皆足惑人。欲上之人悉取其书而禁绝之，使天下晓然知正道，慕邹鲁之风。平生虚怀乐善，有规过者，欣然立改，因颜其斋曰闻过。为文严整雅奥，咸有矩程，而一归诸理，后学咸宗仰之。著《闻过斋集》八卷，学者称闻过先生。

丁　同

崇祯《闽书》卷一百二十八　丁同，字彦仁，与友人刘穀安、孙伯琦、张文中、李弼夫弹琴赋诗，为方外之游。

嘉靖《建宁府志》卷十六　丁同，字彦仁，政和人。永乐间以楷事荐，辞不就。晦迹林下，不妄出入。学者称为白云先生。所著有《鲁钝集》。

道光《政和县志》卷九　丁同，字彦仁，明永乐时人。事亲孝养。以楷书荐，不就，曰："吾工于书而拙于谐俗，无庸托竹帛传毫素也。"自号竹深居士。尝与其友刘穀安、孙伯琦、张文中辈弹琴赋诗于东林庵。学者称为白雪先生，所著有《鲁钝集》。

朱宗明

弘治《八闽通志》卷六十三　福清人，徙居长乐。性耿介不屈，善鼓琴。永乐初，征至京师，未几，卒。赐棺衾，给驿而归。家贫不能葬，其徒马铎率士流为营冢圹。

崇祯《闽书》卷一百三十五　朱宗明，性耿介，善鼓琴。永乐初，征入京。卒，赐棺衾，给驿归。贫不能葬，其徒马铎率士流为营冢。

民国《长乐县志》卷二十七 朱宗明，先福清县人，徙居长乐，善琴弈。永乐二年征至京师，以疾终。赐棺衾，给驿归。贫不能葬，其徒马修撰铎率士流为营冢圹。

马 铎

乾隆《福建通志》卷四十三 马铎，字彦声，长乐人。永乐壬辰进士第一，授翰林修撰。铎初受《礼》于先辈郑宣，遂旁通《易》、《诗》、《书》、子史百家，为文章援笔立就。成祖一再幸北京，命献陵监国，铎与诸臣侍，劳艰不避，独任不辞。仁宗屡顾学士杨士奇曰："马铎可谓质实无二。"自是翰林学士、国子祭酒、司业有公务出，皆命铎署摄。铎耿介伉直，表里一致，处事平恕，而临义执言，自奉俭约，与人交尽诚，遇危难急济之。闲暇鼓琴读书，名其书室曰梅岩。

陈 辉

乾隆《福建通志》卷五十一 陈辉，字伯炜，闽县人。永乐中进士，授监察御史，官终广东按察副使。居官有清名。才识高远，工诗，能书，善鼓琴。著有《琴边清唱集》。

民国《闽侯县志》卷四十七 陈辉，字伯炜，闽县人。举永乐乙未进士，授监察御史，官终广东按察副使，居官有清名。辉才识高远，工诗，善鼓琴，名其集曰《琴边清唱》。

《明诗综》卷二十一 辉，字伯炜，闽县人。永乐乙未进士，任贵州按察司佥事，升广西副使。有《琴边清唱》。

周末镛

弘治《重刊兴化府志》卷六　周末镛，字则本，清浦上廊人，分居下埭。知府莹堂叔，南京锦衣卫知事。宣德间以税家子应辟，从事薇垣。为人读书能文，喜弹琴，自号所居曰冲和之室。当时诸君题咏甚富，有稿序。

崇祯《闽书》卷一百二十五　周末镛，宣德间以税家子应辟，从事薇垣。读书能文，喜弹琴，游诸公间。仕南京锦衣卫知事。堂侄典章。

黄　铣

万历《邵武府志》卷四十四　黄铣，罗汉巷人。貌古心朴。中正德十四年福建乡试，授中牟县令。刚介不谐于时，归家环堵萧然，足迹不至公庭，惟以琴韵自适。郡守吴国伦重其为人，数造庐请焉。

《琴史续》卷二　黄铣，字恒斋，邵武人，嘉靖中官中牟令。谢事归，足迹未尝履公庭。尝坐卧小楼，蓄一琴自适。时吴公川楼为郡，雅与相重，数造庐谈移晷。一日过其门，侦知恒斋读书小楼，因屏从蹑梯而上。恒斋沉吟未及顾，公拊其背曰："读书乐乎？"恒斋惊顾延坐。公见琴在壁，请恒斋操，为一鼓《潇湘水云曲》，因假琴去。久之，故不还，恒斋乃具衣冠造郡斋索之。公大喜曰："吾故知公索琴来也。"为具酒食，赠以诗曰："汝赋归来后，逍遥不问年。云霞生绿发，山水入朱弦。画着蓝襦走，宵依石榻眠。谁知彭泽令，即是武夷仙。"（《邵武府志》）

光绪《重纂邵武府志》卷三十 嘉靖中，黄恒斋铣为中牟令。谢事归，足迹未尝履公庭。尝坐卧小楼，蓄一琴自适。时吴公川楼为郡，雅与相重，数造庐谈移晷。一日过其门，侦知恒斋读书小楼，因屏从蹑梯而上。恒斋沉吟未及顾，公拊其背曰："读书乐乎？"恒斋惊顾延坐。公见琴在壁，请恒斋操，为一鼓《潇湘水云曲》，因假琴去。久之，故不还，恒斋乃具衣冠造郡斋索之。公大喜曰："吾故知公索琴来也。"为具酒食，赠以诗曰："汝赋归来后，逍遥不问年。云霞生绿发，山水入朱弦。画着蓝襦走，宵依石榻眠。谁知彭泽令，即是武夷仙。"

郑文贤

崇祯《闽书》卷一百二十三 郑文贤，字宗儒。嘉靖十九年贡士。博学，善诗赋，喜弹琴，尤精书法。仕湖广右布政司都事。子涤，绩学通武，文贤没，庐墓者数载。

乾隆《宁德县志》卷七 郑文贤，嘉靖十九年贡，字宗儒。博学，能诗，善鼓琴，工书。官湖广布政司都事。

吕景鸣

万历《漳州府志》卷十七 吕景鸣，字鸣鹤，天性孝友。

父早丧，事祖父及母甚谨。比入郡庠，敦行笃学，提学朱公衡首加褒奖。应嘉靖二十八年贡，不出。以子旻贵，累封至翰林侍读。居家杜门却扫，日缗书鼓琴以自娱，非公事足不至公门。晚与同乡诸耆德为洛社之会，吟咏尤多。为人恬静简默，故以养默自号。早岁侨居北溪之丰山，为村中恶少所侮，受之无难色。及子旻官内翰，诸恶少踵门谢罪，顾与叙乡曲甚欢，至没齿未尝语其旧恶。性尤俭朴，为封君十余年，粗衣粝食，无改寒儒之旧。郡守礼为饮宾十五次。有诗文十余卷。

孔希岛

崇祯《闽书》卷八　隆庆中，安溪詹仰庇葬孔希岛其（九日山）下，而志之曰：希岛不知何许人，善鼓琴，遨游海上，问其家，不答，问其年，不知也。冬葛夏裘，遗之钱，不受，受辄以与人。时慷慨取琴，鼓数行，遇豪贵客，辄避去，强之鼓，弗鼓。往来泉中四十年，貌不加老。有客知之者，曰："此地仙也。与颜陀头各百三十岁。"后卒，葬于是山。北有狮岩，黄氏始祖葬焉。

乾隆《晋江县志》卷十五　孔希岛，不知何许人。善鼓琴。遨游海上，问其家，不答，问其年，不知也。夏裘冬葛，与之钱，不受，受则以与人。时辄慷慨取琴，鼓数行，遇富贵客即避去，强之，终不肯鼓。正嘉间，往来泉中四十余年，身不加老。有知者曰：与颜头陀各百三十岁也。后卒，安溪詹仰庇为葬于南安九日山下。

《太古正音琴经》卷四　《鸾凤和鸣》，孔希岛传。

《太古正音琴经》卷四　《流水》。（《流水》为八段，近世唯孔希岛传焉。清源李一昆馆孔生于家塾者二十年，亦以二曲独步温陵。）

李开芳

崇祯《闽书》卷九十一　李开芳，字伯东，父应元，见韦布。开芳以户部郎出为广东副使、江西参政按察使、右布政使，乞归养。父没，再起江西右布政、广西左布政、南太仆寺卿，终官。开芳警敏强直，开口论天下事，发舒极底里，所至风裁著称。凡古人能事，必求与为追逐，而精力亦足胜之。年八十，尚为人作诗、作书、作篆、作墨竹，世人殊宝重之。有《天风子集》。弟开藻。

康熙《永春县志》卷九　李开芳，字伯东，应元长子也。万历癸酉举人，癸未进士。初授户部主事，晋郎中，督理北平粮储。历广东按察司副使、江西按察司、广西左右布政使，进阶资治少尹、大中大夫、南京太仆卿。所至宦迹历历有纪。生平方正，非公事不发愤。永邑旧民田有永宁卫上仓之例，百姓苦之；屯田有本色之输，屯丁疲焉。芳与弟藻目击心伤，移书当道题请，自是永民串米获免。运输福州、左右兴化二卫屯田，改本色，解折色，军民称便。其他若绝田之追复，废寺之清查，屯政之混淆，为永邑害者，必与弟藻协力为民请命。阖邑忻感，建祠立碑纪之。芳雅有才名，有《天风堂集》数十卷行世。善诸体书画、山木、花鸟、竹石，人称为鹏池先生云。

《太古正音琴经》卷十《李伯东奏政琴谱引》 引称圣人则天以琴，琴乃房中乐，总之繇心生者近是。五音六律繇五藏六府而生，外感与中生递相叶，乃能养性情以和平天下。嗟嗟！大雅不作，郑人淫声浸滑，中外忍言也乎哉！即琴矣，而以俗手弄《梅花》《霎清》《阳关》诸曲，曲为媚悦里耳，苟容取幸，孰与弃琴而琵琶，使正人而听脏腑欲吐之由，抚弦心手皆犯不弹之诫？且也刻谱讹秽，人匪读书，何怪其然？余嗜琴，天性玄，髫操缦，诸生孝廉时学琴于百廿岁孔希岛，琴仙所授皆正。凡二十年余，需次金马，遇琴师大雅君于菩提寺，温理之。又十余年，君同载朱司马同年友于卢龙署，复留温理。顾年来军兴筦钥，宁有昼暇？独明河在树，宝篆在房，发僧阒寂，校书更阑，订谱分漏，研入牛毛，操来鹤舞，不知天高地下，河清难俟。谱删洗淫洼，考存古雅，而后琴正。惟五音意吟曲俱完，六律原残缺，仅取曲终奏雅，命曰《音律政谱》，且君补订大雅，以此得号，犹唐赵倚楼云。君讳谦，字益甫，南阳人，旧号小桐，今琴政而号随正。正之为谁？鹤舞轩主人李子。叙毕，遐想当年学琴师襄，正乐反鲁，见文王得人，见舜于忘味，则不能不神游吾夫子，而融融于三月。

郭彦贵

《琴史续》卷二 郭彦贵，号又庵。明初自莆田移居于泉，遂为晋江人。潜心为学，手不释卷。郡守欲授以冠带，谢曰："纵然轩冕终身弃，怎似琴书一日闲。"构圃结小屋，其中置琴书，集徒谈史，暇辄鼓一再行以自娱，题其门曰："门无车马迹，座有琴书声。"生平孝亲敬兄，笃有至性，年六十一卒。（《泉州府志》）

乾隆《泉州府志》卷六十二　郭彦贵，号艾庵。明初自莆田移居于泉，遂为晋江人。潜心为学，手不释卷，以小学训其子，谓其著论精确，最切日用。郡守欲授以冠带，谢以诗曰："纵然轩冕终身乐，怎似琴书一日闲。"构圃结小屋，其中置琴书，集徒谈史，题其门曰："门无车马迹，座有琴书声。"生平孝亲敬兄，笃有至性，年六十一卒。门人哭之曰："不贪轩冕卧烟霞，争奈西风促岁华。半世琴书空伫恨，一生孝友竟成嗟。月明满院无过客，雨暗荒亭有落花。最是脊令心独醉，几回涕泣洒天涯。"

罗嗣元

乾隆《延平府志》卷三十　罗嗣元，永安人。少耽山水，负气豪迈，敦节义，善琴瑟书画，精堪舆，尝著《须知赋》。亲没，不事浮屠，葬祭一遵古礼。晚静学修炼，寿九十八，五举宾筵。七子，六十四孙，有声庠序，乡党称盛。

赵希抃

崇祯《闽书》卷一百三十五　赵希抃，字宋卿。家贫，尚气节，工绘画，善鼓琴，长于诗。徐中行子与来闽，甚加敬礼。

康熙《建宁府志》卷四十一　赵希抃，字宋卿，瓯宁人。家贫，尚气节，工绘画，仿佛沈周。尤善鼓琴，长于诗。尝题水帘洞曰："散垂白发三千丈，乱舞狂风懒自梳。"词林莫不称赏。

温　显

崇祯《闽书》卷八十四　显字公宣，九岁登清源山，见人有延本州上山者，辄大书洞门曰："州有清源，世无清官。"人殊奇之。登进士，授户部主事。凡有关门之役可脂膏自润者，悉辞堂委。尝一解饷密云，必求足额乃行，以散军士，欢声如雷。后复有同官领解饷者四人至边，军士相语曰："何不拨吾曹温公处也？"转员外郎，卒。显有文学，善字书，下及弈棋、蹴鞠之戏亦皆精妙。

乾隆《泉州府志》卷五十四　温显，字公宣，号纯庵，晋江人。九岁登清源山，见人有延本州上山者，辄大书洞门曰："州有清源，世无清官。"人殊奇之。万历丙子举人，庚辰进士，授户部主事。凡有关门榷税，稍可脂膏自润者，悉辞堂委。尝一解饷密云，必求足额乃行，以散军士，欢声如雷。后复有同官领解饷者四人至边，军士相语曰："何不拨吾曹温公处也？"还管明智草场。时肥乡张公、霸州王公相继为大司农，以显才学，推为部本科。具《国计疏》，缅缅数千言，其略有三，曰慎取用以厚帑积，严考成以重国课，核勘灾以酌蠲赈。稿成，司农喜曰："小疏多烦大笔，诸公但铸词，公铸意，陈可否利害甚悉，虽百世规可也。"踵门亲谢者三。迁员外，署郎中，掌太仓库出纳，革除常例。曾颁饷三大营军，时同任差者四人，俱委金于将领，惟显亲自给散，不致干没。他营军私语云："奈何靳我温户部也？"出监江西漕兑，至未数日，丁外艰，奔归。素羸多病，哀毁转增，逾年卒，年四十八。显端严，寡言笑，读书过目成诵，经史百家，靡不窥阚。尤喜太史公及眉山兄弟文，每有撰著，穷高极渺，能发邹鲁之秘。其气格在秦汉间。时艺于嘉靖间称为独胜。万历丙子秋将发榜，学使者胡二溪公曰："解闽者非温显则刘庭兰也。"既而刘省解，显亦亚之。从李淮滨学楷书，三月尽得其妙。他如琴弈、踘蹴、剧戏之类，皆能殚精。所著有《文集》，何乔远序之。（《闽书》参《景壁集》）

张大命

《琴史续》卷二　张大命，字右衮，福建建溪人。工琴，筑室曰阳春堂，鼓琴读书其中，泊如也。先著《琴经》十四卷，继念琴必需谱，又著《琴谱》四卷，名《太古正音》。其自序有云："余谢绝诸好，而独以焦尾为啖痂之嗜，朝夕收古断纹及诸名家指法十余年，于此道业辑有《琴经》十四卷。因念琴必需夫谱，犹车之不可废两辕也。玄徽雅调，固在神解，而入室升堂，必由印证。第旧所传者沿流既久，错谬殊多，鲁鱼亥豕，固坊传之误，而杖杜金根，复考校之讹，如波斯流，归宿无地，不佞心甚痛之。故又不辞岁月之劳，爰纂此琴谱数卷，自宫商以至外调，或出自名公之指授，或出自名谱之删裁，可见其纂辑之勤矣。”（《操缦录》）

《乐舞词典》　张大命，字右衮，福建建溪人。《阳春堂琴谱》四卷，见《梅花庵琴谱》序。又有《太古正音》四卷，董其昌为之序，极称其鼓琴有手敏心闲之妙，见汲古阁刊本。又有《琴经》十四卷，见《太古正音》自序。（按：此书今存，清康熙间张同邑人沈国裕得原书木板，剜去原行款，以己名列为校订人，但原书内容并未改动。）

康熙《建宁府志》卷四十一　张大命，字我绣，轻财好施。父惟鹄，举鸣经，终于无锡丞。遂弃儒业，学骑射，中万历丙辰武科进士。历江西坐营都司，讨山寇有功，迁南赣、郴桂、南韶、汀邵等处参将都指挥使。凡军官抵任，例有馈遗，大命独不受。讲武之余，雅歌投壶，有古儒将风。

道光《建阳县志》卷十二　张大命，字我绣，一字右衮。父惟鹄，举明经，终无锡丞。大命轻财好施，弃儒业，学骑射。登万历丙辰武进士，历江西坐营都司，讨寇有功，迁南赣、郴、桂、南韶、汀、邵等处参将都指挥使。先是军民于抵任官，例有馈遗，大命独却之。讲武之余，弹琴赋诗，有古儒将风。所著有《太古正音》八卷行世，又纂有兵书若干卷。（旧志）

杨表正

《诚一堂琴谈》卷二 杨表正作《正文对音捷要谱》《遇仙吟》《诗吟》《渔樵问答》《大学章句音合文》《浩浩歌》《滕王阁》《相思曲》《琴序》。

《琴书存目》 杨表正，号西峰山人，撰《西峰重订琴谱》十卷，见《四库存目》。

民国《福建通志》卷二十五 《琴谱大全》十卷，延平杨表正著。《四库全书总目》云："表正号西峰。是书汇录琴谱诸调，考正音文，注明指法。搜采视他本颇广，初刊于万历元年。此本又其后增以新曲，校正重刊者也。"《石遗室书录》云："《明志》作《杨表正琴谱》六卷。《琴书存目》作《西峰重订琴谱》，云是书初名《正文对音捷要声谱真传》，其六卷刊于万历元年，兹增为十卷，首二卷论琴事，三卷以下备载各谱，谱皆有文。第一序不署名，味其语气，似是自序。后有刘御一序，又自撰一序，则云校正重刊，复增新曲数十操，则前本之未备者，益得其详，前之差谬者始得其正，视旧刻不啻天壤矣。考初刻本序后首叶，绘上琴势图，下方列五士操，后叶绘西峰小影，下方列墨庄赞及自赞。重刻本无上弦势图，又后列圣贤名录，已名附后。今案自序云系名《杨氏正文对音捷要琴谱》。"

《乐舞词典》 杨表正，号西峰山人。著有琴谱，初名《正文对音捷要声谱真传》，共六卷，刊于万历元年，见《明史》。乙酉重订，增为十卷，首二卷论琴事，三卷以下备载各谱，谱皆有文。后列圣贤名录，表正名亦附末。见《四库存目提要》。（按：原书两种今尚存。）

雍正《永安县志》卷九 杨表正，精音律，善琴，自号巫峡主人。巫峡者，贡之南郊，正盖其里人也。自言尝游武夷接笋岩，入石洞遇异人，乃作《遇仙吟》。又取古来自《南熏》《羑里》以迄汉晋诸诗文可入丝弦者，皆编诸五调，传以指法，为《琴谱》十卷。其谱万历间正自刻于金陵，康熙时石门吴孟举又为刻于越，言琴者咸俎豆之。

乾隆《延平府志》卷三十一 杨表正，永安人。精音律，善琴，自号巫峡主人。巫峡者，贡之南郊，正盖其里人也。自言尝游武夷接笋岩，入石洞，遇异人，乃作《遇仙吟》。又取古来自《南薰》《羑里》以迄汉晋诸诗文可入丝弦者，皆编诸五调，传以指法，为《琴谱》十卷。其谱万历间正自刻于金陵，康熙时石门吴孟举又为刻于越，言琴者咸俎豆之。

黄维珪

《琴史续》卷二 黄维珪，字俞特，号执轩，晋江安平人。事父母及诸父得其欢心。好义乐施，耻屑屑竞锥刀，凡名贤书画、金石款志、方外服食，靡不讲究。尤精于琴，工佩兰调，又自号佩兰。每遇佳山水，风朝月夕，或宾朋邂逅，或侘傺岑寂，抚弦操缦，沨沨泠泠，怡然适也。以食指渐繁，代父贾，往来吴越粤峤间，遍交名士。尝训诸子曰：“贾非吾志也，吾嗤世之贾竖，往往猨攫溪藏，丧心昏智，故托于琴，镕砭而涤荡之。方吾鼓琴，踌躇满志，不知天地高下，形骸有无，况区区盈绌多寡。有知吾琴心者，贾可也。”晚年遥授礼部儒士，不沾沾侈章掖，其意趣超然绝俗云。（《河干集》《泉州府志》）

乾隆《泉州府志》卷六十 黄维珪，字俞特，号执轩，晋江安平人。事父母及诸父得其欢心。好义乐施，耻屑屑竞锥刀。凡名贤书画、金石款志、方外服食，靡不讲究。尤精于琴，工佩兰调，又自号佩兰。每遇佳山水，风朝月夕，或宾朋邂逅，或侘傺岑寂，抚弦操缦，泖泖冷冷，怡然适也。以食指渐繁，代父贾，往来吴越粤峤间，遍交名士。尝训诸子曰：“贾非吾志也。吾嗤世之贾竖，往往猨攫溪藏，丧心昏智，故托于琴，镕砭而涤荡之。方吾鼓琴，踌躇满志，不知天地高下，形骸有无，况区区盈绌多寡。有知吾琴心者，贾可也。”晚年遥授礼部儒士，不沾沾侈章掖，其意趣超然绝俗云。（节《河干集》）

编者按：以上内容节自《河干集》卷七《明礼部儒士俞特黄君暨配龚氏合葬墓志铭》，黄汝良著。黄汝良，字名起，号毅庵，晋江人。万历十四年进士，著有《乐律志》《冰署笔谈》《野纪朦搜》《河干集》。

李 贽

乾隆《泉州府志》卷五十四 李贽，原名载贽，字宏甫，号卓吾，晋江人。十二岁，试《老农志圃论》，同学奇之。长习古文词，眼高一世。嘉靖壬子领乡荐，授辉县教谕，以文章擢国子监，历礼部司务，与豫章李材、兰溪徐用检讲学都门，咸为叹服。久之，乞南迁南刑部员外郎。时耿定向督学南畿，贽与向及其徒李士龙、焦竑等阐明道学，穷晷继夜，已而出守姚安。性严守洁，居民罹于水，为建火神庙，时祷禳焉。政令清简，堂上判毕公事，或与名僧谈论虚元，人皆怪之。未逾年，入鸡足山阅藏经，不出。一日，头痒，倦于梳栉，遂去其发，秃而加巾，遂自免告归。士民攀卧道间，车不得发，囊中仅图书数卷。御史刘维及藩臬作高尚册，以遂其志，佥事顾养谦序之。道经楚黄安，因与定向善，其弟定理强留之，贽亦空囊，不能归，携妻女客黄。州人士踉踉来学，而友山周思敬尤相契顾。持论与定理不合，两家门徒标榜角立，于是趣妻女归，自称流寓客子。髡首日游巷陌，人人骇异，谤声四起。郡守与兵宪谓其左道惑众，捕持之急。乃去衡州，过武昌，藩司刘东星抠延入会城馆之，士翕然争拜门墙。江夏潘广文延主讲席，勉赴席，不交一言。出，过肆，群少年聚饮酣歌，手招之，入与畅饮而归。既而刘东星入掌内台，贽遂至麻城，筑室龙湖寺，著书谈道，听者日众。间有宦门闺壸，亦致篚帛受业，坐是喧阗郡邑。符卿周公宏禴曰："李先生已入禅，行多诞，祸不旋踵矣。"会冯应京为楚佥事，毁龙湖寺，置诸从游者法。贽再往白门，与太史焦竑寻访旧盟，南都士靡然向之。北通判马经纶以御史谪籍，延贽抵舍，执弟子礼，由是大江南北及燕蓟人士，无不倾动。语稍彻禁中，谏垣张问达遂以妖人劾，有旨逮系，妄传论死，贽曰："我年七十六矣，安能抑抑求生乎？"引薙发刀自刭死。而命下止解还原籍。马经纶收葬于通州北门外。焦竑铭其石曰："李卓吾先生墓。"

贽为文迅发，笔如转丸，惟好抉摘情伪，别出手眼，孤行一意，故多盭于儒先，流入禅定。若夫言有触而即吐，气无往而不伸，则孔文举、嵇叔夜之伦，惜不用之于事业节操，而仅放诞傲睨，幽身囹圄以死，可悲亦可戒已。

《焚书》卷五《琴赋》 《白虎通》曰：琴者禁也。禁人邪恶，归于正道，故谓之琴。余谓琴者心也，琴者吟也，所以吟其心也。人知口之吟，不知手之吟；知口之有声，而不知手亦有声也。如风撼树，但见树鸣，谓树不鸣不可也，谓树能鸣亦不可。此可以知手之有声矣。听者指谓琴声，是犹指树鸣也，不亦泥欤！

郑邦俶

《琴史续》卷三 郑邦俶，字士千，号小庚，晋江人，诸生，以孝友称。盛年丧偶，义不再续。善画工诗。遍阅山川奇胜，多所题咏。尤好鼓琴，抚弦动操，中夜废寝。病中尤摩挲不厌，偃蹇多年，书王处仲击唾壶歌"老骥伏枥"之语以自奋。（《克薪堂文集》《泉州府志》）

乾隆《晋江县志》卷十二 郑邦俶，为诸生，文思深沉，试辄冠军。盛年丧偶，不再续。善画工诗，多吟咏，好鼓琴，中夜废寝。弟邦偕亦有学行。

乾隆《泉州府志》卷五十五　郑邦俶，字士千，号小庚，晋江人。邦佳弟，为诸生。文思深沉，试辄冠军。遭母丧，苫块百日，调护诸艰，动心忍性。亲朋没不能殓者，莫不拯赴。始祖茔为他氏盗瘗，其人故葭莩，私媚邦俶以自解。邦俶督宗人争之益力，曰："此日何面目登祖父邱垅？"盛年丧偶，义不再续。善画工诗。遍阅山川奇胜，多所题咏。尤好鼓琴，抚弦动操，中夜废寝。病中尤摩娑不厌，偃蹇多年，书王处仲击唾壶歌"老骥伏枥"之语以自奋。所著有诗集一部。弟邦偕亦有学行。侄之铉。（节《克薪堂文集》）

编者按：以上内容出自《克薪堂文集》卷九《叔父小庚义介先生行状》，郑之铉著。郑之铉，字道圭，号大白，晋江人，博通经史。天启壬戌进士，选庶常，授简讨，纂修《神宗实录》。时魏珰窃柄，之铉浩然求去。丁外艰，哀毁几殆。居家五载，于后彦多所奖进。旋起授宫赞，册封岷藩。事竣，念母驰归。至莆，病卒。按，先生曾与何培所九云、林让庵胤昌、傅渼溪元初、王何称之骥、黄石眉日升、黄东厓景昉同结社为文。没后，东厓先生为撰行状。

孙丕显

《琴书著见》　孙丕显，明万历时七闽人。编辑琴棋书画，为《燕闲四适》一书。其中《琴适》一部，计有四卷，一卷述琴事，二至四卷为琴谱。书今存。

《琴书存目》 孙丕显编陈眉公《订正琴谱》四卷。见《梅花庵琴谱考》。（按：陈眉公《订正琴谱》亦存转抄本，内容与《琴适》同，并无陈继儒订正之迹。）

《四库全书总目》卷一百三十八 《文苑汇隽》二十四卷（浙江巡抚采进本），明孙丕显撰。丕显，字启周，自称闽人，未详其邑里。其书分二十九门，钞撮类书，体例殊为猥杂。

杨日烒

《琴书著见》 杨日烒，字懋熙，福建莆田人。受传陈太希琴数曲，并为刻《神化引》谱。（见《大音希声》林翰林按语）

陈钟琠

乾隆《泉州府志》卷五十四 陈钟琠，字石丈，号密庵，晋江人。善诗歌、古文词，工琴、射、画事。博览群书，凡律历、河漕、盐筴、兵屯诸源委，靡不洞悉。尤潜心经学，好称说宋陈同甫，近则邓潜谷、郝仲舆二公。尝云：孟子没后二千年，心性天人无一解者。学惟止至善为宗，即姚江良知之旨，尚非极致。又以时方多故，儒者明体适用，期有济艰难，宜以老、庄立其本，申、韩救其败。为诸生，四冠郡□□亦皆列前矛，屡困棘闱，莫测所以。崇祯间拔贡，为学使者葛寅亮所知。琠游浙中，卒于其家，寅亮为经纪其丧，遣人护归。著

有《密庵初集》《定山集》《霞圃集》《紫塔诗》。（《通志》）

乾隆《晋江县志》卷十二　陈钟琠，字石丈。善诗歌、古文辞，工琴、射、画事。博览群书，凡律历、河漕、盐筴、兵屯，靡不洞悉。尤潜心经学，好称说宋陈同甫及邓潜谷、郝仲舆二公。崇祯间拔贡，为学使者葛寅亮所知。琠游浙中，卒于其家，寅亮为经纪其丧，遣人护归。著有《密庵初集》《定山集》《霍圃集》《紫塔诗》。

艾逢节

康熙《松溪县志》卷九　艾逢节，字际泰。崇祯末，以明经任福州府训，迁国子监学录。淹洽博闻，聚书数千卷，晨夕手一编不辍。唐藩辟为国子司业，一见辞归。晚年息影庐峰之下，以琴书自娱。年六十八终。子敏，杜门敛迹，克承父志。有诗集一卷。

王　陞

《琴史续》卷二　王陞，字德敡，号顺吾，晋江安平人。少敏悟，善古琴，游金陵，士大夫交下之，冀闻其音，为鼓一再行而已。生平有笃行，为乡里所矩矱。郡邑长常以事谘询，无不尽言。太守屠倬檄主乡约，陞纳檄郡中，谓劝诱一乡老幼，所宜尽心，表率督励，则非所任。守嘉叹，以为质而近厚云。（《王遵岩文集》《泉州府志》）

乾隆《泉州府志》卷五十九 王陞，字德敭，号顺吾，晋江安平人。少敏悟过人，读书已熟，久而不忘。尝潜投里塾受书，母虑其弱而劳也，禁之，遣人谯让其师曰：而欲杀吾儿耶？里中相戒勿受，故不得卒业。然好书，终不厌。史传杂记、稗谐小说，泛览多识。其言体事切物，贯以义理。为父兄言慈友，为子弟言孝恭，援古证今，听者竦喜。讲礼修仪，矜庄整饬。常入学舍问子弟业，媟亵钝惰者多走匿。里中聘昏、劝学、祭奠、铭志诸文词，皆属陞载笔。善鼓琴，游金陵，士大夫交下之，冀闻其音，为鼓一再行而已。解纷弭斗，不厌强聒，说而罢者尤多。郡邑长常召见之，为言孰利当兴举，而不言其不善者。太守屠倬檄主乡约，陞纳檄郡中，谓劝诱一乡老幼，所宜尽心，表率督励，则非所任。守嘉叹，以为质而近厚云。（节《王遵岩文集》）

编者按：《王遵岩文集》，明王慎中著。王慎中（1509—1559），字道思，号遵岩居士，后号南江。因家庭排行第二，又称王仲子，晋江人。明代诗人、散文家，“嘉靖八才子”之首，为明朝反复古风的代表人物之一。所引内容出自《王遵岩文集》卷十四《处士顺吾王公配龚孺人墓志铭》。

林真士

崇祯《闽书》卷一百三十五 林真士，工山水，与高棅友善。棅题真士画云：“楚云天外数峰青，春水桃花满洞庭。落日楼台明镜里，欲停瑶琴候湘灵。”

乾隆《福建通志》卷六十一 林真士，长乐人，工山水，与高棅友善。棅题其画云："楚云天外数峰青，春水桃花满洞庭。落日楼台明镜里，欲停瑶瑟问湘灵。"

《翠屏集》卷四《曲密之房记》 京师之崇真宫毛真人叔达，与予好也，为其弟子长乐林真士请记其曲密之房。予坚辞，请不置，则问其制何居，曰：房在龙虎山上清宫洞玄院中。院造于其祖耕隐镏公，而房尤号雄伟。前当雷坛，林木翳如，上清常祷雨焉。后直靖通观、鹤归亭，则三十代天师常炼丹焉。琼林台峙其左，外史薛玄卿所筑。象山岿其右，则林先生读书之所也，其境又绝幽邃。问其名何以，曰：真士幼颖悟，嗜诗好琴而攻画，学士虞公，第其山水慕董元、巨然，墨龙方董羽，而扁其画室以是名，人罔测也。……真士名庭晖，字汝玉。天师命主福之紫极宫，兼怡山冲虚观，未就。以大宗师命，今住长乐东华宫佑圣观。真士者，参政危先生构之也。其先世有讳运者，南唐兵部尚书淮南节度使云。

林 铭

乾隆《福建通志》卷六十一 林铭，字良箴，长乐人，工诗文，能琴善画，尤精书法。与王恭、高棅、陈亮往来，自号琴乐子。

《闽中书画录》卷四 林铭，字良箴，长乐人。工诗文，善画，写山水、人物、竹石得宋元遗意，琴尤精。与王恭、高棅、陈亮往来，自号琴乐子。棅有琴歌赠之。（《闽画记》）

郑 祐

《琴史续》卷二 郑祐，字半村，惠安人。善鼓琴。闻粤东寡妇善《孤舟操》，重茧至粤，赁屋比邻月余，得闻其音，即按节谱之以归。后游金陵，尝于月夜楼头，挥弦再鼓。名妓马湘兰素解音律，窃诣听之，忽止不弹，曰：“有郑卫声，何也？”湘兰再拜，乞授操，祐终以教坊人为嫌不传也。既归家居，晨起抚琴，一曲未终，推弦遽起，曰：“吾将毙矣。”日中果卒。（《泉州府志》）

乾隆《泉州府志》卷六十三 郑祐，字半村，惠安人。善鼓琴。闻粤东寡妇善《孤舟操》，重茧至粤，赁屋比邻月余，得闻其音，即按节谱之以归。后游金陵，尝于月夜楼头挥弦再鼓。名妓马湘兰素解律，窃诣听之，忽止不弹，曰：“有郑卫声，何也？”湘兰再拜，乞授操。祐终以教坊人为嫌不传也。既归家居，晨起抚琴一曲，未终，推弦遽起，曰：“吾将毙矣。”日中果卒。李卓吾以半村与吾野并称双绝云。

嘉庆《惠安县志》卷三十 郑祐，号半村，精于琴。闻五羊寡妇工《孤舟操》，茧足至广，赁屋比邻月余，始闻其音，即谱以归。游姑苏，月夜焚香，弹一曲，名妓马湘兰聆音心醉，窃从楼下倾听，祐即手停曰：“声带郑卫矣。”后湘兰求示指法，祐笑曰：“汝教坊之人，恐难登大雅。”遂自苏归。一日，偶自安弦，裁半阕，叹曰：“吾将逝矣。”日中果卒。祐，崇武人，与吾野山人黄克晦同时，李卓吾称为崇武双绝。

后二十余年，有郑仰田以精数学闻于时。

《惠安县乡土志》第三十一课《艺术》 画如黄吾野，写真如石湖，数如郑仰田，琴如郑半村、张颐，均明之著者。

张 颐

《琴史续》卷三 张颐，字士正，惠安人，经历彦宗子。以琴隐。尝客姑苏，夜半，邻舟琴声远响，颐援琴而和，听者解颐。明朝争问姓名，不答，解维去。（《泉州府志补遗》）

乾隆《泉州府志》卷七十六 张颐，字士正，惠安人，经历彦宗子，以琴隐。尝客姑苏，夜半，邻舟琴声远响，颐援琴而和，听者解颐。明朝争问姓名，不答，解维去。弟显，字士谟，以诗隐。

嘉庆《惠安县志》卷三十 张颐，字士正，湖广臬经彦宗子。善鼓琴。尝客姑苏，夜半，闻邻舟琴声，援琴和之。明朝过颐舟，求颐教以指法，颐夷然不屑，解棹归。其琴号“太古春”，家藏八世，其侄孙进士圣听犹挂壁上。一夜，闻唧唧如女子泣声，琴在壁上，无故自坠碎。

吴必兴

道光《建阳县志》卷十 吴必兴，丙圆子，貌魁梧多力，善拳勇，腰带间环插铁标，径六寸许，能毙人于数十步之外，发无不中者。由外委随金门镇出洋捕盗，多所擒获，以军功累官千总。一日，谒鼓山僧，僧曰：“君官必不终，然有夙根，能从我选，寿可至九十余。异日传衣钵者，君也。”时必兴方年少自负，思立功万里外，闻僧言，殊落落。僧曰：“是亦不可强。”赠以一缄，曰：“七十岁元旦，启视之，当自了。”后数年，必兴从傅文忠公征云南，以军前奋勇一等剿寇立功，升金门右营守备，旋以罣误罢职归。及年七十，开缄无他语，但云是年六月某日当死而已。至期，必兴沐浴竟，服道衣冠，呼儿女至中堂，命之曰：“明日必葬我，勿稍迟，干我怒也。”端坐而逝。卫家言明日不利葬，必伤亲属，遂暂停。忽闻柩中砉然有声，柩左缝裂数寸，手足垂于外，子若婿强纳之不得，因跪白日者言，乃约入，徐以麻绳束柩，缝合如初。葬后，其子赴郡城，有同乡人自省垣归者，谓曰：“尔父于某日在某所船头呼我。”其语计其时，死已数日矣。闻其生平未尝偃卧，倦则趺双足，合掌瞑坐，如老僧入定云。性善读史，嗜饮酒，善鼓琴弈棋，以朋友为性命。

温　恭

崇祯《闽书》卷一百二十七　恭字允恭，受学陈微仲，笃志经史，善楷书，鼓琴能知其音律。有诏征贤良方正之士，郡守胡志和以恭充荐，方伯石瑁试之，遂以名闻。上道，忽遘疾，卒。

乾隆《晋江县志》卷十二　温恭，字允恭。笃志经史，善楷法，鼓琴能知其音律。郡守胡志和荐征贤良方正之士，忽遘疾卒。

乾隆《泉州府志》卷五十五 温恭，字允恭，晋江人。受学于陈微仲瓛，笃志经史，善楷书，鼓琴能知其音律。有诏征贤良方正之士，郡守胡志和以恭充荐。方伯石瑁试之，遂以名闻。上道，忽遘疾，卒。（《闽书》）

《清源文献》卷十八《弟贤良方正温允恭圹志》 温恭，字允恭，予之弟也。温之先太原人，后迁河南，又迁清源，今为清源人。曾祖讳宗文，乐善好施，称善士。祖讳彦道，以能诗名，有《梅窗隽永集》。父讳天德，有德有学，孝行孔昭。母唐氏。允恭性资刚介，敏而好学，十四岁我父见背，十八岁而冠，动止敦朴，如老成人。时予以举子业自累，乃俾允恭授学于柏崖先生陈微仲，而能笃志以穷经传、探子史，朝夕勤厉，手不释卷，习为诗文，先生尝许其有古人意。善作楷行书，深得晋人笔法。能鼓琴，知其音律。平生所为诗文皆有遗稿。岁丁卯，予领乡荐计偕来京师。允恭居家躬养老母，具甘旨，问起居，子职惟谨。既而见知闽宪佥事孙公振望，辟为社学师，设帐于郡城中和堂，而能严矩度，为子弟矜式，郡人诣京师者莫不称道其美。予自喜其得贤弟以代养也。居亡何，诏征贤良方正之士，郡守胡公志和以允恭充荐，方伯石公瑁试其才艺，如所荐，以名闻于朝。允恭将上道，忽遘疾，仅弥月，赍志以没。

史继佃

《琴史续》卷二 史继佃，字世稷，号发庵，晋江人。诸生，长于诗。性不喜俗客，惟与二三拓落故人，谈说经义，分韵敲诗，日夜流连，虽罍耻不顾，产不饶而好施，以急告者，分橐赈之。斗粟壶餐，岁时相属。及子举于乡，遂谢诸生业，构室先茔之旁，颜曰东溪。背麓临流，与骚人韵士，唱和其中，领略溪山，吞吐云霞。尤邃于丝桐，时焚香弄一曲，清霜唳鹤，缭绕梁间，以至吹箫挝鼓，各极其妙，年五十四卒。（《云台藏稿志》《泉州府志》）

乾隆《泉州府志》卷五十四　史继佃，字世稷，号发庵，晋江人，朝宜五子。为诸生，试皆异等。长于诗，沉英咀华，众体毕具。兄官词林时，奉母入京就养，途次历览武夷、岩滩、西湖、天竺、虎邱、金焦诸名胜，皆有题咏。既复东游入粤，徘徊朝阳、饶平之区，凡人情欣厌、违合之感，毕寓之诗。性不喜俗客，惟与二三拓落故人谈说经义，分韵敲诗，日夜流连，虽罍耻不顾。产不饶而好施，以急告者，分橐赈之，斗粟壶餐，岁时相属。及子举于乡，遂谢诸生业，构室先茔之旁，颜曰东溪。背麓临流，与骚人韵士唱和其中，领略溪山，吞吐云霞。尤邃于丝桐，时燃香弄一曲，清霜唳鹤，缭袅梁间，以至吹箫挝鼓，各极其妙。年五十四卒。所著有绝句一卷，古风二卷，律诗三卷，并杂文。子延华，万历戊午举人。（节《云台藏稿》）

乾隆《晋江县志》卷十二　史继佃，字世稷。长于诗，沉英咀华，众体毕具。年五十四，卒。著有绝句一卷、古风二卷、律诗三卷，并杂文。

魏时敏

《琴史续》卷二　魏时敏，字竹溪，莆田人，官无锡县丞，改宿迁。天资警敏，夐出等夷。日坐曹署，治文牍，暇则焚香鼓琴，洒墨作山水，尤笃意于诗，《赋休息轩》诗云："亭小贮琴声，池清蘸花影。晓日上窗纱，幽人梦初醒。"其幽致可想。（《明诗纪事》）

《明诗纪事》乙签卷二十一　魏时敏十七首。时敏，字竹溪，莆田人。官无锡县丞，改宿迁（《笔精》《列朝诗集》《明诗综》均作改桃源，今从《未轩集》作宿迁），有《竹溪诗集》。（黄仲昭《未轩集》：竹溪天资警敏，夐出等夷。有司辟为邑从事，日坐曹署，治文牍，暇则焚香鼓琴，洒墨作山水，尤笃意于诗。游京师，与姑苏刘钦谟、同邑周次玉往来倡和，由是竹溪之诗名传播遐迩矣。谒选时，冢宰尹旻闻其名，试以诗，有"简拔自惭非汉吏，威仪今喜识周官"之句，大为称赏。遂拜无锡县丞，改宿迁。未几，致仕归。其在无锡及家居，皆倡一时名胜为诗社。年八十余，犹未尝一日废吟事也。其五言如《寄吴太守》："孤灯残夜梦，千里故人心。"《送林郎中致政》："烟云新世态，花竹旧郊居。"《题璜山清隐》："轩冕浮云里，江山醉眼中。"七言如《怀江湖故人》："千里宦情星北拱，百年人事水东流。"《秋日病起》："黄花篱落家家酒，白雁江天处处砧。"《寄佘汝盛》："闲吟有客知何逊，独酌何人识马周。"集名"竹溪”，其气和平，其体正大，其味隽永，蔼然有盛唐风致。）

《未轩文集》卷二《竹溪诗集序》 予友魏竹溪先生，天资警敏，早游乡校，诵习讲说，敻出等夷。既而有司闻其才，辟为邑从事。或劝其辞以应科选，先生笑曰：“家贫亲老，不为禄仕，古人所深罪也。况此亦圣朝仕进之一途，顾吾所树立者何如耳，是岂足为吾辱耶？”遂慨然就之。日坐曹署，治文牍。其于势利纷华，略不以动其中。暇则焚香鼓琴，或洒墨作山水，而尤笃意于诗。其初盖博观古今诸名家之集，而终则一以盛唐为宗。及游京师，又与先达姑苏刘公钦谟、同邑周公次玉，相往来倡和。二公相与延誉于诸缙绅间，由是竹溪之诗名，传播遐迩矣。逮谒选天曹，冢宰尹公闻其名，召试以诗，有“简拔自惭非汉吏，威仪今喜识周官”之句，大为诸公所称赏，遂拜无锡县丞。后改宿迁，未几，致其事以归。其在无锡及家居，皆尝倡一时名胜为诗社。今年已八十余，犹未尝一日废吟事也。

乾隆《福建通志》卷五十一 魏时敏，莆田人。家贫，初为县从事，好画山水，作诗歌。周瑛、黄仲昭雅重之，延誉缙绅间。逮谒选，冢宰尹旻试以诗，有“简拔自惭非汉吏，威仪今喜识周官”之句，得无锡丞，改桃源，致仕归。有《竹溪集》。

乾隆《莆田县志》卷二十二 魏时敏，早游乡校，机警过人。有司闻其才，辟为从事。或以科举劝，时敏笑曰：“家贫亲老，能不求升斗禄耶？顾吾所树立何如耳。”遂慨然就之。

日坐曹署治文牍。暇则焚香鼓琴，或洒墨作山水。而尤笃于诗，诗多佳句。同邑方伯周瑛、编修黄仲昭亟称之，相与延誉缙绅间。逮谒选，冢宰尹旻试以诗，有“简拔自惭非汉吏，威仪今喜识周官”之句，深加欣赏。得无锡丞，后改桃源，皆称职。未几，致仕归。其在无锡及家居，结社唱酬，殆无虚日。年八十，著有《竹溪集》。

余重谟

《乐舞词典》　明余重谟，将乐人。工墨竹，飞白宗苏轼、朱熹。楷书似祝允明，海内宝之。喜吟咏，兼善鼓琴、弈棋。见《延平府志》。

乾隆《将乐县志》卷十　余重谟，善飞白，大者如盖，宗考亭、东坡法，楷草似祝枝山、陈白沙，海内传宝之。尤精墨竹，喜吟咏，善奕棋。家贫，常结客，遇名士恒流连不倦。泰邑江日彩，贫，未第时，谟特为创楼以居之。同学十载，为古文词。卒年八十九。

王　珵

民国《龙岩县志》卷三十七　王珵，启泽长子也。幼颖异，稍长，经史百氏，搜猎无遗。工文辞，诗效唐人风格，书法晋人。学鼓琴，有淳淡太古之调，缙绅咸爱之。泽婴微谴，当挽运以贯罪，珵得书，匍匐数千里赴之。泽复官，命还慰其亲。方抵家，以疾卒。一时名公巨卿竞作诗歌，致悼惜之意。

王秀蕙

民国《龙岩县志》卷三十七 王秀蕙，号实夫，沐如子也。工古文辞，精声律桐音，草圣超玄入妙，游艺吴越间，推为一代诗豪。所刻《拟和圣制限体闺怨三十六首》及早朝回文花名咏诸什，一时传遍都下。漳州海澄公将上贺表，闻公名，征致幕中，遂絷维弗舍焉。子侄请示为学谛旨，公曰：“武侯诫子一书，能实心佩服，修身养德有余矣。”

盛 接 徐 昆

万历《福宁州志》卷十二 盛接，字汝晋。善篆隶草书，旁通琴诗。年八十，当道聂公器之，手集《约博释义》二卷，稿藏于家。

民国《福建通志》总卷四十四 盛接，字汝晋，福宁人。善篆隶草书，工诗能琴。又有徐昆，字裕夫，工篆隶，通琴理，兼画山水。

邱大儒

民国《福建通志》总卷四十四 邱大儒，字涵春，上杭人。善鼓琴、画竹石兰菊。事母至孝。兄以事村，大儒涕泣请于令，愿以身代，令奇而许之。万历季，无为、白莲诸教盛行，乡有陈明受者尤神其术，遣徒四出，士大夫皆礼之。大儒知其必为乱，禁不令入乡，又告当事遏绝之。晚年商于楚中，卒。

暨日华

康熙《建宁府志》卷四十四　暨日华，崇安诸生。家火，父检所藏于楼上，火迫楼，华时年十九，从火跃入，负父出。父老，雅好琴，华即学琴以娱之。授徒所得，必奉诸亲，人以为能养父志。

黄道周

《黄道周集》第一册《黄子传》　黄子名道周，字幼平，漳浦人。少居漳海铜山孤岛中，后有一石室可居，名曰石斋，故学者称为石斋先生。父青原公，母陈，皆通经史，深明忠孝大义，而教之有法。故黄子之学起于漳海之滨，海内从之问业者几千人，教之皆必以忠孝，在思陵间，漳海之学，天下莫隆焉。其学深于天人之际，极博穷微，皆本于六经。其所著《易》《孝经》《诗》《春秋》数十卷书，自汉、宋以下诸儒所谈，皆置之不复道也，宜其书独为当世贵，学者宗焉。

《黄道周集》第三册《书嵇康琴赋后》　洪思曰：子少而多能，十岁辄善属文，亦辄善琴。时家在海外，读书渔鼓溪，每属文，或先犴走，寻岛中最高峰，对怪石长松，踽踽移时，归而挥弦，然后落笔，顷刻辄数千言，若有神授也，岂所谓山水移情者乎？先子云：此盖十二岁时所作，余得诸刘完公。

宋 珏

《列朝诗集》丁集卷十三《宋秀才珏》 珏字比玉，莆田人。家世仕宦，不屑从乡里衣冠浮沉征逐。年三十，负笈入太学，游金陵，走吴越，遍交其贤士大夫。初从人扇头见程孟阳《荔枝酒歌》，行求七载，始识孟阳，遂以兄事之，因孟阳以交余。长身玉立，神情轩举，开颜谈笑，不立崖岸，其胸中泾渭井如也。善八分书，规模夏承碑，苍老雄健，骨格斩然。画出入二米、仲圭、子久，不名一家。又泛爱施易，不自以为能事。酒酣歌罢，笔腾墨飞，或即席赋诗，或当筵染翰，书窗涴壁，淋漓戏剧，或醒而自谓无以加，又或旦而忘其谁作也，人以是多易而亲之。滞淫旅人，默默不自得，客死吴门。其卒也，孟阳抚之，乃瞑而受含。余与孟阳欲留葬虞山，不果。返葬后十余年，金陵顾梦游入闽哭其墓，乞余为文，伐石以表之。比玉为诗，才情烂漫，信腕疾书，不加持择，诗成亦不留稿。余取得其《荔枝辞》一首，以为近古人讽谕之遗。今其遗稿刻于金陵者，其里人所掇拾，非比玉意也。

《松圆浪淘集》春帆卷十三《垫巾楼中宋比玉对雪鼓琴余戏作图便面漫题时过娄江固订后期》 闽客不见雪，流霰在鸣琴。兹晨何飘瞥，快作崩山音。七弦正凝结，万象回幽阴。南忠九仙远，北望三湘深。江水萦后期，春气动前林。毋令招隐曲，荒涂空古今。

《广虞初新志》卷二十三《元对》 余每以古墨比之古

琴，人无解者。二物其色玄同，而断纹斑斑，愈拭愈莹，一也。墨之古者如枯桐枝，琴亦必黑光退尽者乃为佳妙。又墨不须磨，琴不须鼓，四顾把玩，以手拂弄，可以终日。

琴问材精漆久，不问轻重。有合百宝之屑，乃重异常。清烟者体轻，苟合金玉诸屑成剂，即胶气尽而坚重如故。二物宝色政同，独索解人不得。

鞠通喜啖枯桐，尤爱古墨。《说林》言孙凤琴中有此物，后为道士以古墨屑给出。余破产畜一琴，苍然有异响。龙唇上蛀孔数百，余性复嗜墨，每疑前身或是鞠通，遂制金线绿文巾戴之。用以鼓琴弄墨，观者殆欲绝倒。

《霏云居集》卷三十三《宋比玉琴铭》 绎阳滤枝，龙门遗质。弦调徽清，器和响逸。山峨水洋，鸟舞鱼出。轻风引松，时逢钟律。

清　代

林　仁

《琴史续》卷五　林仁，闽同安人。好琴，得庄蝶庵指法，节奏古雅。为人清介，虽贫，不干于世。提督施世骠建节厦门，延教其子。（《同安县志》）

道光《厦门志》卷十三　林仁，嘉禾里湖边人，徙居城北之冈头乡。素好琴，得庄蝶庵指法，节奏古雅。为人清介，虽贫，不干于世。提督施世骠建节厦门，延教其子。

李正捷

道光《厦门志》卷十三　李正捷，字逊之，厦门人。能诗，工书，善鼓琴，深究天文地理之学，兼精剑术。著有《月山诗文集》。（《鹭江志》）

吴　晋

康熙《永定县志》卷十　吴晋，字吕生，懋申季子，煌甲之弟。上杭廪生。学优韵远，能诗，善操琴。邑志续修，两与载笔，士林推重。所著《草木心集》，学博李君基益为之序。又尝应聘与修通志。

道光《重纂福建通志》卷二百三十九 廖枫字祝三，邑增生，工行草，尤善诗。与同邑吴晋、邱渊、戴昱为诗社，极一时风雅之盛。枫诗凄婉，如寒泉出峡。晋诗沉雄，如铁骑云屯。晋字吕生，廪生，工诗善琴。康熙十一年、三十六年两修县志，又与修通志。卒后，枫为《哭友诗》二十章，酸楚不可读。

民国《永定县志》卷二十五 吴晋，字吕生，初名晋甲。曾录为充场儒士，后饩于庠。学优韵远，能诗，善操琴。康熙壬子、丁丑修邑志，两与载笔，又尝与修通志。所著《草木心集》一卷，《积寸斋尘稿》二卷。

郑善述

《琴史续》卷四 郑善述，字孚世，别号蕉溪。世居闽，占籍福清，徙建安。康熙庚午举于乡。读书而外辄喜鼓琴。为固安令，放归后筑木石居，广不过一亩，往往药草盈栏，图书满架，时复援琴舒啸。作令时饲一鹤甚驯，比归，蓄之木石居。善述弹琴啸歌，鹤亦起舞，清唳数声，如相酬答。忽一日死，善述心动，越数日卒，年六十七。（刘绍攽撰传）

乾隆《福州府志》卷四十九 郑善述，字孚世，闽县人。康熙庚午举人，除知固安。邑旗民错处，强者或凌暴细弱，民苦之。善述一切绳以法，强不敢逞。地滨永定河，河工抢修椿苇，辄取给于邑。善述调度有方，人以不病。以失出镌级归，家居闭户却扫，文酒自娱。著有《敬修堂集》。

民国《闽侯县志》卷八十四 郑善述，字孚世，号蕉溪，徙建安。康熙庚午举于乡，下第归，授徒讲学。时居溪上，对岸放生池有高僧晓霖，闻讲必来听。数月，语善述曰："居士自谈性理，老衲已透禅宗矣。"丁亥授直隶固安令，在京南百二十里，滨河旗丁、河兵杂处，凌其居民。善述一切绳以法。岁修永定河，椿苇工料，取给宛平、良乡、永清、东安、霸州及固安六处，而五邑稍远。河员平日既不储材，一遇急工，辄责之固。秫秸麻柳，岁供至数十万，固民不堪，多逃散，而责者如故。善述陈其状于上官，未即罢除，而追呼稍缓矣。既以失出镌级归。筑木石居，广不过一亩，药草盈栏，图书满架。初以家敝，与伯兄分散，糊口四方。官固安，迎养聚首，性命以之。姊适陈，早寡，妹适叶，贫不聊生，皆置之安全。子方城、方坤。

民国《固安县志》卷末附录《郑蕉溪先生传》 蕉溪郑先生，名善述，字孚世，蕉溪其别号也。世居闽，古籍闽县，徙建安，祖父皆以学行显。先生幼有神解，九岁通《尚书》、《毛诗》、戴记、左史、唐宋八家。戏为文，偶效左氏，音节毕肖，伯叔见之，私喜出示，人皆奇之……既归，筑木石居，广不过亩，往往药草盈栏，图书满架，时复援琴舒啸……时饲一鹤甚驯，比归，蓄之木石居。先生徜徉啸歌，鹤亦起舞，清唳数声，如相酬答。忽一日死，先生心动，越数日卒，年六十七。

林尧光

《涑亭诗略》序　甲寅秋，余（叶封）官京师，始交蜚伯，与之上下古今扬花篇什，穷昏昼弗置。时觐伯内擢，方需秩都门，因得交好。知其为人，好恬静孝友，天性也，名利不挂于口。尤喜山水，退则焚香而鼓琴，或尺幅作墨，胸有渭川千亩之致。工于诗者二十余年。亡何，余归樊口，觐伯亦同蜚伯之大梁。后余过梁，班荆道故，出其诗若干首，受而三复之。古制以鲍谢为体裁，近体以李杜为筋骨，而遒丽峭拔，则又错出于东坡、放翁、山谷之间。昔人所云倦时读之而跃然以起，不饮酒而陶然以醉者，其在斯集乎！

康熙《平顺县志》卷四　林尧光，福建莆田人。由拔贡康熙九年任。省徭役，除杂差，俭以持己，恕以待人。捐俸金创建社学，祷雨泽全活万民。创建三峻神庙于南山之巅，仰报神庥。自修天镜亭于东皋之内，陶情自娱。内升候补中书。

乾隆《莆田县志》卷二十八　尧光，字觐伯，顺治戊子拔贡。初知梁山县，招徕安辑，调度有方。总督李国英称有才者未必有守，有守者未必有才。若歌悬鱼酌水之风，复胜盘根错节之任，林梁山一人而已。丁外艰，服阕，补平顺，升行人。著有《涑亭诗略》。

民国《莆田县志》卷三十三　林尧光，字涑亭，见《循吏传》。善琴，工兰竹。

李光墺

道光《重纂福建通志》卷二百二十九 光墺，字爽卿，博涉群书，兼习骑射，康熙癸巳举人，授四川彭水知县。彭水僻壤，其俗乔野。光墺兴水利，立学校，由是民知自励。适金川不靖，奉檄转饷，先期至，大将军傅某留之幕府。先是，蛮夷跧伏险峻，路径轇轕，莫知虚实。光墺单骑往视，知其经由之道，由是大军所向，皆望风纳款。以军功擢酉阳知州。廉能自矢，凡所措置，惟便民是务。及归田，囊橐萧然，自若也。光墺有志著述，尝言："周末乐亡，前人于审音察律多未合。"著《乐由》若干卷。

《兰田馆琴谱》序 李光墺，字爽卿，号少溪，乾隆时福建安溪县人，十八岁举于乡，官至酉阳知州，淹博群书，词章书画皆妙，又精岐黄，尤善琴，娴音律，自十五学琴，四十八年间公车南北，沈莲舟、马文龙诸名家亲授。又博考深思，遂臻堂奥。一时言琴者，仰为安溪宗派，撰《兰田馆琴谱》九卷，未梓。

嘉庆《四川通志》卷百十六 李光墺，福建安溪县举人。初知彭水县，乾隆十五年，擢任酉阳州。教民开荒箐，兴水利。暇则与诸生讲论经史，文风为之一变。卒于官，贫不能归，子孙因家焉。

同治《增修酉阳直隶州总志》卷十六 李光墺（《通志》：福建安溪人。初知彭水县，乾隆十五年擢任酉阳州，教民辟荒箐，兴水利，暇则与诸生讲论经史，文风为之一变。卒于官，贫不能归，因家焉。）案，李牧号爽卿，安溪相国文贞公光地之从弟也。少承家学，研究六经，旁及阴阳律吕、孙吴韬略、金石医卜之书。康熙癸巳登乡荐，乾隆丁巳任彭水令。戊辰金川之役，李以经生参谋戎务，忠信果敢，番夷震慑。制军策公楞奇其才，以治行军功首荐，晋牧酉阳，时庚午十一月也。酉阳新建之际，田庐井舍景象萧条，公循行相度，开垦各处箐林水堰，至今民利赖之。卸任后，买宅于治西玉柱峰之南，寓二十余年始得归。

《酉阳州志》卷一《州刺史李公去思碑》　前刺史少溪李公之告归也，于乾隆丙子。闽蜀万里，阅八年癸未三月，始克挈家以行，年七十矣。通郡士民走阡术相告曰："公将归。"公未守郡，先令彭水。及谢政假寓于兹，积二十七年。吾侪自壮至老，凛公威仪，饮公德泽，如子若孙之聚处一庐，旦夕承颜色而不知吾祖吾父之将远适也。公今归矣。人情莫不思其故乡，吾侪无计留公，然亦安敢忘公。因驱子弟，伐南山之石，合词以请于余，欲次公德政，以垂不朽。余于公为谢庭之客，且承乏公后，非敢欺人者。遂踞石以书曰："公名光墺，号爽卿，福建安溪人，相国文贞公光地之从弟。少承家学，研穷六经，旁及阴阳律吕、孙吴韬略、金石医卜之书。康熙癸巳登乡荐，世所称少溪先生者也。乾隆丁巳任彭水，其课士、劝农、行水诸大政，具载县志。戊辰金川之役，公以经生自请参谋戎务。忠信果敢，深入贼险，番夷震服。前制军策公楞奇其才，以治行军功，首荐天子，晋守酉阳，时庚午十一月也。酉阳新设，经始者馆陶耿公，继任者视事未久，公承耿公之后，一以经术润饰。亲历山泽，相度水源，招徕远近，柞棫斯拔。如锣鼓洞、苦草坪、瓮岩、楠木、茶条诸箐，蒲海坝、水碧河、小溪口诸堰，皆公开辟区画。向之深林密筱，洞穴岩崄，一变而为田庐井舍矣。余尝于案牍中见公指画山形，穷源竟委，了如指掌，服公明敏。余初下车，过村塾，见几上古本《大学》《周礼》《尔雅》辨识难字，曰：李公之教也。公教士一以惇行为先，课文以先正为法。一字一句，一名一物，必曰是出某经，是出某史。汉唐人经义，取诸腹笥，如数家珍。权衡度数，不差累黍。酉阳文教初敷，其俊秀者，近知经学矣。公天性醇悫，和易亮直，率属听政，谳狱决囚，闲居接物，一本至诚，视民痛苦，如身之疚。尝下至民舍以疗民病，以故酉之士庶，无论智愚、黄童白叟，皆敬公如神明，亲公如父祖。积二十余年如一日，故未去而民不忍舍，既去而民不能忘也。公谢政之后，囊橐萧然，艰难归计，弹琴咏歌，著书自娱。其行也，携花数本，石数丛，采溪崖之枯桐，斫数十琴以归。留宅一区，在治西南玉柱之阳，石桥之右，垂柳数行，竹石森秀，后千百年过其庐者，指曰："此少溪先生之堂。当与贾谊之井、庾信之居、宗炳之宅，并垂不朽矣！"

《台湾日日新报》1907年11月3日《笔余杂俎》 李安溪亦以琴名家，相传为当时十二琴楼之一，现时厦门所传琴谱，多其流派，盖即所谓安溪派是也。

李世珣

道光《重纂福建通志》卷二百十七　李世珣，号望岩，精剑术，善琴棋。尝团练乡勇以御寇，卫乡里。康熙初，施琅辟为副将，不就，隐于雄山麓。缙绅慕其为人，多与游，黄云叟亦有诗赠之。

民国《南安县志》卷三十六　李世珣，号望崖，朴山乡人，南澳总兵李□次子。精剑术，善琴棋，团练乡勇，力御倭寇，捍卫四邻。康熙初年，施琅辟为副总府，因乱不就，隐于雄山之麓。进士杨铉锡赠以联云："居傍铁砧，已付烟霞成小隐；山连熊耳，长依泉石结深邻。"缙绅慕其人，多与交游，黄云叟亦以诗赠之。

林　伟

《蓼怀堂琴谱·参订姓氏》　林伟，字艸吕，侯官人。

林霞起

道光《重纂福建通志》卷二百十七　林霞起，字赤章，岁贡生，善鼓琴。卓荦有奇志气。耿逆之乱，伪将刘应麟驻汀州，一日索善琴者，或以霞起应，驰召之。霞起白衣冠，抱琴入，长揖不拜，曰："此非鼓琴所。"拂袖竟去。霞起既不受伪札，筑室于冠豸山中，苦无水，撰文祭之，水从山顶喷出，竟成清渠，名曰沃泉岩。

民国《连城县志》卷二十五 林霞起，字赤章，岁贡。善鼓琴，卓荦有奇气。耿乱伪将刘应麟驻汀，一日索善琴者，或以霞起应，驰召之。霞起白衣冠，抱琴入，长揖不拜，曰："此非鼓琴所。"拂袖竟去。筑室于冠豸山，苦无水，撰文祭之，水从山顶喷出，竟成清渠，名曰沃泉岩。

颜 超

《琴史续》卷五 颜超，字常升，号肃斋，又号西畴居士，晋江人，诸生，授徒自给。清约闲静，有特操。终年耽玩经籍，暇则焚香弹琴以适志，泉人能琴者推为第一。精六书之学，工篆刻。尝遭冤狱，为邑令所扑，后令知其冤，馈金修好，超却金不受，倏然远引，泊如也。（《泉州府志》）

乾隆《泉州府志》卷五十五 颜超，字常升，号肃斋，又号西畴居士，晋江人。为诸生，授徒自给，清约闲静，有特操，不问繁华。终年躭玩经籍，暇则焚香弹琴以适志，泉人能琴者推为第一。精六书之学，工篆刻，有不惬意，辄磨弃。雍正己酉，有把总为帅所黜，行邑令唐孝本鞫实，上其状，予重杖。其妻以黄纸书揭，携幼子日行市中，诅帅及令。值孝本出，遇之，究问谁为书揭，妇曰："我自为之。"诱问稚子，曰："先生也。"问其姓名，则隐其实而以超对。盖稚子数年前尝受业于超，稚子计超在庠中，令必无如何，故以是支饰。孝本不察颠末，遽延学博及超至庭，又不查对字迹，辄扑之。超口本质呐，又不知所由来，受夏楚不胜愤。通郡闻之，皆为怪讶。既而孝本调台湾，复调同安，廉其冤，且知其素行端介，愧恨无地。来郡僦寓承天寺，持刺邀请一面以谢过，超辞不往。复挽超好友林大海道达诚意，固邀之，乃勉与偕造。孝本方餐，辍箸，具衣冠，前揖且跪，往复成礼。坐定，叹曰："某不敢复相士。某为县令，所让多矣，未之有悔，独于君使我朝夕食不下，如有物横胸膈。君其宥我，我且夜眠得安寝。"超亦感泣。及回同安，寄近体二章，并致俸镪为买书费，超受诗而却其镪。后孝本每到郡，辄欲邀见，伸款曲，超终远引，泊如也。泉绅士谓其暴也可雠，其谢也可释。和其诗，积成卷帙。超所著有《西畴印谱》，嗜古者珍之。

陈震岳

道光《重纂福建通志》卷二百十七　陈震岳，字峻生，一字静斋，工诗文书画，芦雁尤佳，尝于江天暮景，观雁之飞鸣起伏而得其神妙。善鼓琴，年八十三卒。孙云程，乾隆乙酉举人。

道光《晋江县志》卷七十　陈震岳，《静斋野稿》《静斋乐书》。

陈登龙

民国《闽侯县志》卷七十一　陈登龙，字寿朋，号秋坪。高祖丹赤，传在忠节。登龙七岁而孤，母黄氏食贫，以剪彩为生，抚登龙与一弟二妹以立。登龙力学，长于诗古文词，旁及琴棋书画。

乾隆三十九年举于乡，大挑一等，分发四川试用知县，署天全州，即前大金川地也。归化未立学，生徒附雅州，登龙捐廉俸，请于大府，奏准设学，学额八名，移芦山县学训导教之。创文庙，建和川书院以训士子。豪夺孀妇田，登龙勘断明确，豪不能欺，归田于妇。囚袁某处决，子稚无所归，登龙收养之终其身，人称陈青天。嘉庆元年核难荫，世袭恩骑尉，登龙以从弟登爵未成名让焉。

调青神县，委署里塘同知。里塘本古三危地，在唐为吐蕃，苦寒不生五谷，人多剽悍，设土司领之。调雅安县，升湖北安陆府同知。赴任稽迟，诣京师候选，授建昌捕盗同知，差委买铅。丁内艰归，囊橐萧然，授徒自给。著《出塞录》一卷，《里塘志略》二卷，《蜀水考》二卷，《天全州闻见记》二卷，《读礼余篇》二卷，诗集十四卷，杂著四卷。

许馥荃

《闽川闺秀诗话》卷三 先叔母许太淑人，字鸾案，侯官人，山西翼城令崇楷公长女，广东博罗令懿善公妹。归先叔父九山公，封淑人。生长名家，濡染庭训，敦诗悦礼，蔚为女宗，事九山公相敬如宾，虽日以诗律唱酬，而内政肃然，三党咸钦式之。余总角时，即从太淑人受五七言句法。膝前三女皆娴吟咏，至今内外群从，人人有集者，太淑人之力为多。少尝随宦汾晋间，又两度入京师，旋出山海关，遍游辽沈，所历几半天下。年逾八十，神明不衰。善鼓琴，自额所居为琴音轩，有《琴音轩诗草》藏于家。

民国《长乐县志》卷二十九下　太常卿梁上国妻许夫人，名馥荃，字鸾案。父崇楷，闽县人，任山西闻喜县知县。女少随宦。父公余时，辄授以诗史之学，兼工琴。及归梁，梁供职京邸数十年，耿耿持介节，鸾案习清苦，严笔札，惟日以课子女为乐事。所著有《琴韵轩诗词》四卷，不轻示人。子云铣、云镶、云镛，皆励学成名。第三女适侯官许明经濂，尤工诗画。

梁韵书

民国《长乐县志》卷二十九下　梁韵书，字蓉函，太常卿上国第三女。少从其母许夫人学，善画工琴，精于诗，尤长乐府，适侯官副贡生许濂。许家世多闺秀，如寿竹廖夫人许素心、洪兰士，皆有集传。蓉菡踵其后，尤轶然于女士之表。

《然脂余韵》卷六　梁蓉函，字韵书，福建长乐人。姊衿瑞，字紫瑛，著有《昆辉阁稿》，韵书著有《影香窗诗钞》，盖同承其母夫人许鸾案女史之教也。韵书兼工琴善画，《秋夜步月见银河》诗云："晚空苍茫弄寒碧，疏帘未卷蟾蜍人。卷帘望月见银河，白练横空几千尺。一泓澄彻涵天秋，银汉无声作水流。月波一片流不尽，泛泛长在东西头。花阴满地波纹起，幽人立在秋江里。不知银汉几何深，夜夜倾来一庭水。鸩鹊桥边风露寒，长河悠夜俱漫漫。谁家窗外霜砧急，催得银河落晓山。”

梁符瑞

民国《闽侯县志》卷一百　梁符瑞，字紫瑛，长乐梁上国长女，适湖北天门令龚丰谷。少时学为诗于母氏，每拈一题辄有灵颖之句。妹韵书，字蓉函，适侯官副贡生许濂，工绘事，善鼓琴，于诗用力尤专，间作小文小赋，亦深得骚雅之遗。尝随其夫游辽沈，又获山川之助，所作益工，著有《静安吟草》。

《闽川闺秀诗话》卷三　梁符瑞，紫瑛六妹，九山公长女也。适闽县湖北天门令龚丰谷。天门有循声，而紫瑛尤能以勤俭佐之。故中年以后不暇兼涉吟事。犹忆余少时，与紫瑛同学为诗于许太淑人，每拈一题，紫瑛辄有灵颖之句，而笑余钝置。太淑人亦多护之，余实自愧弗如也。今忽忽五十余年，每诵陆放翁“青灯有味似儿时”句，为之惘然。

黄大临

乾隆《泉州府志》卷六十三　黄大临，字愧吕，号慕田，晋江人。乾隆甲子岁贡，为文深厚有力。琴、棋、诗、词皆造妙，尤长于声歌，士类中以词曲名家者，推大临为第[illegible]。

郑洛英

民国《闽侯县志》卷七十二　郑洛英，字耆仲，一字西瀍。前后为学使大兴朱筠、朱珪所赏拔。少喜为诗，质本鲁，以专且久而豁然。博涉史传，能骑射鼓琴，善画水墨兰石。乾隆三十五年举于乡。闲游邵武，郡人徐时作为锓其诗二十二卷，皆四十以前作。无何卒。有《耻虚斋前集》《后集》《外集》《文钞》。子曷，字日如，又字秋江，邑诸生。有《秋江未焚草》。

《闽中书画录》卷十二　郑洛英，字耆仲，号西瀍，侯官人，乾隆庚寅举人，有《耻虚斋诗钞》（《全闽诗录》）。耻虚天怀磊落，才思敏达，学文于梅崖先生，善鼓琴，工行书，喜作水墨兰石，诗五古规摹八代，七古出入韩苏，近体亦有逼真唐人处。尝对友云："我之文不如诗，字不如画。"信然。（《注韩居诗话》）

谢廷宝

道光《龙岩州志》卷十二　谢廷宝，字安卿，号研斋，龙岩人。（乾隆乙卯举人）篆刻、琴、弈靡不通晓，书画尤擅场。书宗赵文敏，趣态横生。间写人物花鸟，具有逸致。性恬静，寡言笑。曾荐春官挑取誊录不就，班铨亦置度外。晚更喜青鸟家言，常揽胜峰峦林麓间，丰神闲暇，有肥遁风。

陈　盛

乾隆《龙岩州志》卷十二　陈盛，字包升，龙岩人。通吟咏，善琴理，尤工淡画。沙寇之乱，奉母避居江右，藉管城糊口，时有黄筌、张璪之誉。晚回里门，艺益进。所绘教子一经、瀛洲百老及琴棋书画诸图，人物生趣宛然，观者不知为二百余年故纸，真传神笔也。

张 烈

道光《龙岩州志》卷十二 张烈，字明华，龙岩人。善丹青，尤工写意。乾隆间寓迹金陵，值圣驾南巡，缮画以进，得邀睿鉴，赏给银牌，名益躁。晚岁家居，以琴书自娱，不轻作画，获片纸者，珍如拱璧。

吴 景

光绪《浦城县志》卷二十四 吴景，字星瑞，自少弃去举子业，好读史，时时举往昔成败得失，驰骋返复上下。其议论尤喜谈兵，筑别墅于西郊外上岚，因自号岚峰。走马郊原，弯弓习射。暇则招客弹琴赋诗相娱乐。

《琴曲集成》第十七册《琴香堂琴谱·吴景跋》 余素有琴，癖好之，不能工也，尝抱琴入九曲，登大王、接笋诸峰，拂披白石，一再弹鼓，求古所谓高山流水之趣，觉境是而神弗肖……今春遇许月翁于京邸，翁以琴名都门者垂四十年。余既恨相见晚，又自喜曩所积念诚求者，今乃不期而遇也，于是与翁数晨夕举生平意之所向，境之所会，其屈曲难达之情，低徊不尽之致，俱从翁十指中流出，令听者浃心厌理，如见其人，如履其地。

吴景伯 吴 统 吴国望

光绪《续修浦城县志》卷二十七 吴景伯，字君仰，墨涛其别号也。少负隽才，于书无所不读，弃举业不事，学诗画，习骑射，尤精音律，善琵琶，自谓大江以南，无出其右。生平有三约，遇势利人、贾人、俗人则不弹。尝客岭南，赀为人负，大窘，粤中大贾敛千金乞教琵琶，景伯峻却之。同邑祖之望，时巡抚湖北，其妹婿也。屡折柬招之，数趣始就道，至则布袍敝履，跌宕风生，绝不与案牍事。暇辄纵览山水，或大醉卧酒肆中，署中人欲闻其琵琶，兴到偶一弹之，不可数强也。之望内召，有某县令耳其名，迎至署，致敬尽礼，请得一听琵琶。景伯瞠目不应，未几即出游。久客辰州，复至武昌，访桃花源，登黄鹤楼，泛洞庭，吊汨罗，悲歌慷慨，悉寓于□。赀斧既竭，附舟以归。比至家，闻诸子书声琅琅彻户外，徐察之，则不举火者屡矣。佯诧曰："某吾戚也，某吾至交，某某吾尝有恩焉，汝辈何不从乞贷？"诸子齐声应曰："宁饿死，不作龌龊行。"乃大喜曰："嗟乎，吾有子矣！"卒后，诗稿散佚，著有《琵琶谱》一卷。长子统、三子维，岁贡生；四子经，郡庠生。统字懒仙，工诗善琴，亦善琵琶，以书画噪名吴越间。孙国望，增贡生，亦善画工琴，不坠家风。

《琴史续》卷六 吴统，字懒仙，浦城人，岁贡生。父景伯，字君仰，于学无所不窥，精音律，尤善琵琶，著有《琵琶谱》一卷。统世其学，而于琴尤精，以书画噪名吴越间。子国

望亦善画，工琴，不坠家风。（《浦城县志》）

梁运昌

民国《长乐县志》卷二十五 梁运昌，初名雷，字慎中，一字曼叔。嘉庆己未进士，改庶吉士，散馆授编修。性崖岸，睥睨一世，视富贵人尤嫉之。自在史馆及家居数十年，寥寥寡合，人亦闻而避之，不乐与之交。生平学博识超，著作甚富，有《秋竹斋诗文集》《陈氏古音考订》《读诗考韵新谱》《四书偶识》《史汉眉评》《说文小笺》《难经发明》《两汉魏晋宋齐诗式》《全唐诗随笔》《唐人风格集》《杜园说杜》《韩诗细》《苏诗钞》等集。

梁章钜《归田琐记》卷二《曼云先兄家传》 道光甲辰春，编刻曼云先兄《秋竹斋诗存》九卷，既成书，佥谓不可无序，余何敢序兄诗，顾念兄之行谊，惟余知之最悉，不可以无言，因摭拾其事，为家传一首附焉。传曰：

公姓梁氏，初名雷，成进士后，改今名。字慎中，一字曼云，又字曼叔，晚号江田，伯父茂才叶所公之第三子也。叶所公精于星命之学，于其诞之月前数日，语家人曰："若生于某日某时，必非凡格。"已果应期，实乾隆之辛卯年辛卯月己卯日丁卯时也。幼虑其弱，不督之学，十龄即可应童试，禁弗使出，而向学益勤。光州吴香亭先生来督闽学，闻其为文章宗匠，锐欲入试，诸季父私纵之出，遂得补弟子员。嗣丁叶所公忧，三季父岱岩公作令黔中，携与俱往。踰年为甲寅，闻有恩科，遂辞归，与同怀伯兄虚白公及章钜同举于乡。是科功令，新举人归督部覆试，揭重榜于鼓楼上，冠其曹。嘉庆己未成进士，殿试以十卷头引见，入翰林。是年秋，开实录馆，座主大兴朱文正公领其事，精择儒臣二十八人，奏为纂修。公以新庶常，获与兹选，前后所仅见也。在馆日，屡被纱葛瓜果之赐，又内发折叠扇数十柄，敕馆臣之工楷法者分书之，公亦在选。散馆一等，授编修。是冬，乞假省母，座主长沙刘文恪公敦留之，不获。文恪尝语人曰："梁三品学，事事称吾意，惜其不能饮酒，无以传吾衣钵耳。"虽一时戏语，亦足见其契分之深矣。

归里未数月，值满洲文远皋少宰督浙学，招之入幕，时抚浙者为仪征阮相国，皆座主也。公往来两节署，请业请益，所学愈进。既又以省母辞归，旋丁内忧，以二亲未葬，又体中多病，遂不复出。

公幼颖异，见解多出人意表。六岁学书，即能摹《怀仁圣教序》，叶所公欲令专意楷书，授以快雪堂本《乐毅论》，学之经年，一日瞿然曰："此非右军书也。"乃舍去，泛滥学篆隶，而书益工。兼精篆刻，又旁通绘事，偶作写生花卉，以恽南田设色太浓，每以淡远相胜。然不多作，零缣片楮，人皆宝之。中年，自以生性卞急，欲托琴德，以自养其天，学之辄有得。有以古琴一具来售者，背刻"光化二年"字，下有升字押，物主转以相质。公审之，知为唐昭宗年间所制，升字或是雷升押字。验其二三徽，吟声极清长，非千年物不能。因囊空不能购，荐之友人。以价廉不之贵，遂为俗流所得。公惋惜累日，作诗闵之，乡里多诧其事。

生平笃于友谊，然性落落寡合然，不喜与显者往来。里居时，与曾禹门奋春、廖佩香英为贫贱之交。二君皆诗人，时以唱和相劘切。佩香早卒，公为营墓山中，督工四十余日不倦，执杵者皆感激相劝用力。事毕，题其墓门曰："黄壤可怜埋傲骨，青山长遣伴吟魂。"在京师时，惟其同年萧山汤敦甫金钊、高邮王伯申引之、涿州卢厚山坤、通州白小山镕、桐城吴春麓赓枚、武威张介侯澍，为道义文字之交。归里后，亦断绝音问。数人中有持节来闽者，则亦彼此不通一刺，足迹不入州府。有过访者，辄拒不纳，以此得孤傲名。闭户读书，谢绝人事，于医卜堪舆之学，靡不宣究。自言穷经非力所能，杂考据亦性所不近，惟论史及论诗，似别有会心之处。故今所存诗，咏史之作居其半。二十许岁时，尝自录所作古近体一帙，属章钜转呈同里郑苏年先生。先生极赏异之，详加评论，勖之以理性情，精学问，公为之心折。自是守先生之指授，终身不忘，诗亦日进。五十岁外，始勒成定本，意欲托章钜以传于世，见于自叙中。时章钜方宦游南北，公书未及达，遽归道山，年仅五十有七。

越十余年，章钜再归田，从福州老屋中检取遗稿，其孤儿乃出《秋竹斋吟卷》两帙相示，则皆公所手录，涂乙之痕满纸。因费旬余日之力，钞一副本，而删其愤懑率易诸篇，次为八卷，附以馆课试律一卷，合成两帙，已足以存公之生平。然非笃于情，复深于学者，未易觇其底蕴，惜苏年先生不及见其成也。因属其门弟子王叔兰校付梓人，以质世之知诗者。闻此外杂著尚有《陈氏古音考订》《读诗考韵新谱》《四书偶识》《史汉眉评》《说文小笺》《难经发明》《两汉魏晋宋齐诗式》《全唐诗随笔》《唐人风格集》《杜园说杜》《韩诗细》《苏诗钞》以及《四书文稿》，尚不下数十卷，藏其壻何肫蔼孝廉家。

论曰：公性孤介，寡交游，薄滋味，自言脏腑清虚，食愈少而身愈快，眠愈少而神愈清。余常谓公平生有数反，家无长物，而用财如泥沙，不计有无，至锱铢之入，辄相顾动色，不苟取。下于己者，煦煦相欢暱，即穷独孤寡，惴然恐不当其意，而不喜与权贵豪富交。稍不称心，即怒形于色，以故人多望而畏之。而有时坦易之处，则又不可测以恒情。此其所以虽践清华，而终归穷困也。忆余与公同上公车，以己未元日过杭州西湖，初游净慈，继至灵隐，公挈余坐冷泉亭上，徘徊瞻顾，恍有所思。余欲与公同进寺门，促之至再，公坚不入，余颇讶之。归舟中诘其故，公曰："昔曾梦游一大寺，甫至门，寺中钟鼓并作，有僧众欢迎曰：'老和尚归来矣。'我曰：'我尚有未了之事，此时无暇留此，迟三十年可也。'今日见寺门，宛然梦境，是以不欲入耳。"然则公前身其僧矣，余又乌从而测之。

陈　远

民国《莆田县志》卷三十三　陈远，字兰士，道光乙酉拔贡。与郭山民友善。以诗文分隶名于时，尤工画兰。遇有不惬者，辄署其末曰“干舆”。郭山民问之，笑曰：“倒而视之，非行押书之‘兰士’乎？以命运颠倒，故颠倒书之。”

许赓皞

民国《建瓯县志》卷三十三　许赓皞，字秋史，瓯邑廪生。天资颖敏，髫龄即娴习词学，有“人在子规声里瘦，落花几点春寒骤”之句，人遂目为许子规。与弟赓年、侄作朋，同以诗名。其师蒋拙斋尝谓其诗格七年之间凡三变，竟能脱去窠臼，自成一家，而又未尝不深合古人法度，其叹赏如此。著有《平远堂遗诗》《萝月词》，梓行于世。素好度曲，兼善鼓琴，无不各致精妙，皆授于其父所传。家中无论少长，多解音律，每逢月夕花晨，一庭团聚，或按拍倚声，或抚轸操缦，诸子弟辈互相唱酬，自有得于天伦之乐。性癖山水，凡有名胜，虽竟日盘桓，犹难尽兴。游武彝，如品石、天游、福井、隐屏诸处，皆有题咏。醉后登仙掌绝巅，失足坠崖而亡，年甫二十，士林深为惋惜。

《晚晴簃诗汇》卷一百四十《携琴过松风堂》　草木秋深变，河山醉后非。浮云直北断，独雁向南飞。雨气沉沧海，潮声裂石扉。自弹《水仙操》，松翠湿人衣。

许赓年

民国《建瓯县志》卷三十四　许赓年，字海樵，附贡生。从云寥山人游，善鼓琴，能填谱，工诗画。

《琴史续》　许海樵，祝凤喈弟子，建安人。独得其师秘传，能衍其派，尤负重名。（引《浦城县志》）

光绪《续修浦城县志》卷二十七　凤喈宦游江浙，以琴自随，所至名噪一时……诸弟子中，建安许海樵独得秘传，能衍其派，尤负重名。

祝凤鸣

光绪《续修浦城县志》卷二十七　祝凤鸣，字秋斋，廪贡生。凤喈，字桐君，以例官浙江东防同知，同怀兄弟也。并精音律，尤善鼓琴，古调独弹，不作靡靡尘俗韵。家有园林之胜，藏古琴数十张，择其尤者，筑十二琴楼以贮之，伯倡仲和，怡怡如也。凤鸣性恬淡，工吟咏，屏绝尘务，日以琴樽诗画自娱。凤喈宦游江浙，以琴自随，所至名噪一时。著有《与古斋琴谱》四卷行世，律度精审，指法详明，自云得兄指授为多。以琴受业者，恒不远千里而来。诸弟子中，建安许海樵独得秘传，能衍其派，尤负重名。凤喈并精星命之学，著《造命契要》四卷，梓行于时。

《乐舞词典》　祝秋斋，浦城人，父蓄古琴一张，秋斋勤习安弦，数十年不辍。咸丰元年（1851）卒。见清祝凤喈《与古斋琴谱》自序。参看“祝凤喈”条。

祝凤喈

《乐舞词典》 祝凤喈，祝秋斋弟，字桐君。年十九，从秋斋授指法、字母，三十年致力于此，故能尽通所学。作《与古斋琴谱》四卷，专明琴理，不载琴曲；因各家琴谱，但主传曲操而略此未备，故凤喈此编为务本之急也。咸丰五年（1855）刊行，见《琴书存目》。

《冷庐杂识》卷二《琴铭》 浦城祝桐君司马凤喈精琴理，以前人琴谱阐发未详，著琴谱四卷。蓄一琴，名秋声，其自题曰：“嘉庆戊寅，予始学操缦于伯兄秋斋先生。庚辰，姊夫詹正斋赠是琴，材质古厚，而漆剥音敚，置之有年。嗣稍识琴理，因悟修斫之法。道光辛卯，手自治之，伯兄为题“秋声”二字，以雅器复完，其音清实也。咸丰辛亥五月，兄遽谢世。明年夏，予驰驱吴、越、燕、鲁，携是琴行，抚之感怆，爰题辞曰：“惟石之岩桐生巅，孤高适性枝刚坚，斫之为琴历长年。气与质浑木液竭，铿然发音疏以越。抑兮实，汎兮清，秋声移情，永怀伯兄。甲寅七月既望，凤喈撰。”属余为之铭曰：“斫之补之质完善，抚焉调焉韵清远。山遥水纡，息游与俱。万虑洚除，悠然古初。挥弦正谱恃特识，四海知音未易得，言念同气意何极。”

《瀛壖杂志》卷四 祝桐君司马凤喈，浦城人。宦于浙中，家富于赀，以好结纳中落。生平笃于昆弟，挚于友朋，诚至悱恻，有足多者。精音律，善弹琴，著《有与古斋琴谱》。罢官后移家海上，有终焉之志。所宝有秋声琴，其兄生前之所爱玩也。余姚周白山为之铭云："太冥孤桐，厥声动心。惊鸿翩逝，山川阻深。密亲云流，怀归沉吟。清商振响，刁骚满林。盛荣不常，繁霜坠襟。俯仰俦类，惕兹人琴。"长孙安甫，能世其琴学。

祝安甫

《王韬日记·咸丰十年·三月》　清晨，祝安甫来，命一僮抱琴而至，意欲往秦娘处听琴也，乃与偕去，周致尧同其友汤衣谷（裕）亦来合并。秦娘为鼓数曲，其声抑扬高下，顷刻数变。滑如盘走珠，朗如瓶泻水，宏壮如铁骑千群，银涛万顷，悲怨幽咽，如羁人戍客，嫠妇思女，有不可告人之哀，真可播荡人神志也。安甫亦善弹琴，为奏《平沙落雁》一曲，音韵悠扬，俗耳顿清，秦娘亦为称善。

祝庆年

《乐舞词典》　祝安伯，祝凤喈孙，琴法能继祖武。见清徐允临《琴学入门》序。

光绪《续修浦城县志》卷二十　祝庆年，字安伯。由监生捐纳刑部候补员外郎，分发浙江特用知府。

《琴曲集成》第二十四册《琴学入门》序　时桐君之孙安伯部郎入都，惇邸遣使询及是按拍琴谱之祝安伯否，盖尝读是书而心仪之矣。

卢信臣

《春草堂琴谱》祝凤喈序 惟此《春草堂谱》特识而辨其不转弦，名均之曲并表，各均调之五音弦徽定位皆同，各均之弦序主音则不同也，为历来各谱所未发，即此为冠各谱之最也。其板原在浙垣，久已寖废，今黔中薛照南刺史为其夫人幼承家教，乐此丝桐，延吾乡卢惇五司马授受，求得《春草堂琴谱》，向余借抄，复商重刊。刺史独任其资，司马校正其讹，其弦五音定徽位表与曲谱字中徽分，原约而不积，略而不密者，悉依拙刻考实弦律法正之，成为全璧善本，继美前人，启发后教，二君之功岂浅鲜哉？

郭柏心

民国《闽侯县志》卷四十八 《琴学尊闻》一卷，郭柏心著。字新甫，道光壬辰举人，晋江、永定教谕。

黄而辉

民国《同安县志》卷三十一 黄而辉，字述之，好学工诗，为诗冲淡隽远。华亭董苍水俞谓其诗，如飞黄蹑影，瞬息千里而步骤有度，不负泛驾之累；又如于洞庭湖心吹铁笛，清声俊韵，能令波涛滉漾，鱼龙出听。田鬋渊茂遇谓其和平而俊爽，幽细而稳实，洋洋渢渢于风雅，穷泳游而身厉揭，所著有

《讷园诗选》。

乾隆《泉州府志》卷五十五　黄而辉，字述之，同安人。好学工诗，为诗冲澹隽远。华亭董苍水俞谓其诗如飞黄蹑影，瞬息千里，而步骤有度，不负泛驾之累。又如于洞庭湖心吹铁笛，清声逸韵，能令波涛滉漾，鱼龙出听。田髴渊茂遇谓其和平而俊爽，幽细而稳实，洋洋沨沨于风雅，穷泳游而身厉揭。所著有《讷园诗选》。（采《高言集》）

编者按：出自《高言集》卷二。《高言集》，据《四库全书总目提要》，此书为清代田茂遇、董俞同编。茂遇字髴渊，江苏青浦（今上海）人，顺治戊子举人。俞字苍水，江苏金山卫（今上海）人，董含之弟，与其兄并有才名，时称“二董”。“是书题曰《十五国风高言集》，而别标一‘闽’字为子目。据其凡例，乃以一省之诗为一集。此乃十五集中之一也。”

陈颙奎

乾隆《泉州府志》卷六十　陈颙奎，字子令，晋江人，鸣銮季子允锡弟。幼聪颖，书过目成诵，琴弈书数，无所不能。亦学为诗，好谈禅。事亲怡然无间，与诸兄雍睦。性情温厚，在丑不争。以荐除卫曹参军，旋投檄去，客海澄、南靖诸同人所。兄授扶风丞，匹马之官。颙奎在家事亲抚侄，拮据卒瘏。母没，独襄丧事。后因赴长沙，病卒于萍乡县泸溪，年三十九。（节《亹斋文集》）

王 宫

乾隆《建宁县志》卷二十三 王宫，字南宫，水东廪生。善鼓琴，品行高洁，不屑时趋。诗饶陶韦风味。有集未刻。

吴宜蛰

乾隆《建宁县志》卷二十三 吴宜蛰，字聚和，在城监生，书法宗赵文敏，尤工小楷。府尊魏公《苍石诗稿》，将乐廖侍郎《连山诗集》，皆系吴笔，名重一时。又善琴，每于酒阑月下，闲鼓一曲，令人有萧然出世之想。

姜大观 康兆元

乾隆《建宁县志》卷二十三 姜大观，字平远，在城人。好远游，喜吟咏，尤工琴。凡游览山水佳趣，一于琴发之。偶月夜抚琴，忽指下得异声，起曰："户外必有金马玉堂中人潜听。"启户视之，果见同邑知名士余敏绅、谢莘二人。姜揖而贺曰："开吾邑风气者，二君也。"后皆登第。邑令康兆元亦善琴，造其庐，相对累日，临别赠匾云："超然晋品。"联云："人到十洲无俗韵，门临三径有高风。"年四十余，居父母丧，草履麻衣以终其身。著有游草及念旧诗，皆抒写性情，以著其幽郁之作。

邓　松

乾隆《建宁县志》卷二十三　邓松，字玉阶，水南人。善琴，工画，品骨萧然绝俗。凡远方琴客过访者，悉优礼接待，讲求指法曲调，故尤独步一时。

光绪《重纂邵武府志》卷二十四　邓松，字玉阶，善琴工画，品骨萧然绝俗。凡远方琴客过访者，悉优礼接待，讲求指法曲调，故琴尤独步一时。

何淑蘋

《琴史续》卷八　何氏，字淑蘋，博野知县何长敦女。少学诗，有隽才。尤解音律，琵琶筝笛，少涉辄工。其从父长聚名士也，戒之曰："是不足怡情也。"贻以琴，受古操数阕，一月能传其音，而琵琶之属，集尘不御矣。早卒。有《琴北诗抄》行世。（《邵武府志》）

光绪《重纂邵武府志》卷二十七　何氏，字淑蘋，博野知县何长敦女。少学诗，有隽才。已随父宦直隶，遍行吴越、齐鲁郊。又其父历宰新城、盐山、饶阳、博野，皆古蓟地。女既耽诗，所至山水草木，耳目所睹闻，以及怀古感时，皆于诗发之。会从父刑部郎长聚，叩其业，出质品，曰："儿才大异，但风格尚为慧业掩耳。"女请所向，曰："尽读《文选》。"遂学选体，兼及骚经，其诗益遒。解音律，琵琶筝笛，少涉辄工，从父曰："是不足怡情也。"贻以琴，授古操数阕，一月能传其音，而琵琶之属，集尘不御矣。……有《琴北诗钞》行世。

张如玉

光绪《续修浦城县志》卷二十八 张如玉，户部郎中张伦侄孙女。事亲孝，少尝刲股和药以疗母疾。长适监生吴芳榆。能琴，解吟咏，著有《暗香琴言》一卷。

苏瑞桢

民国《同安县志》卷三十七 苏瑞桢，字仙根，澳头人。精于琴，著《琴苑》一书，专采琴典。凡操弄沿起，制度损益，音均之辨，派别之殊，自古通琴理之人，咏琴之诗辞歌曲，论琴之文，下逮杂事琐记，靡不胪陈，采摭详博。盖山人墨客之技，识曲掌音之事，灿然具备。较明内府汇编《琴学大成》，其体例考证，犹不及此书之精且博也。书分十二门：一曰通义，二曰规象，三曰音均，四曰声歌，五曰手势，六曰审材，七曰诠事，八曰胜录，九曰核古，十曰叙书，十一曰述献，十二曰征文，可谓极操缦家之大成矣。仙根善抚琴，不下数十器，太史龚显曾尝题其琴图云："焦桐难搜吴下爨，鳞皴皆识冰清断。百纳杆上十年弦，千面浪传人间散。良材湮没艰追寻，安弦何处求知音。淫哇空笑竿筑响，宫商莫辨箜篌吟。君不见，铁绰声传雷大使，琵琶技擅康昆仑。嘈嘈只聒俗士听，安能四弄五弄祛尘烦。清思聊聊万籁阒，松风谡谡空中至。山月忽白石泉流，闻音顿悟太古意。向君十指铿然鸣，大海成连移我情。拨刺揩击俱如意，诣之至者神能精。聆罢君弹叩奥妙，手挥胸藏四十调。琴史况荟伯原书，琴操能掇中郎要。以兹雅者添颊毫，豪端逸响飞骚骚。剝上罢抚珍如拱，摩挲非关无弦陶。君不见，赤壁久喑李委笛，大江东去铜琵寂。君家坡仙呼不起，审音落落属吾子。蹑屐屡起从君游，快洗从前筝笛耳。”（《亦园脞牍·生员颜润廷苏仙根农部抱琴图诗》：“东坡精于诗，妙得琴中趣。补操写醉翁，疏宕无胶固。八百余年来，君家独追慕。絜志在古琴，怡然乐吾素。万籁静萧萧，冥心有神悟。醉翁去已远，后起能学步。著作而等身，琴苑枣梨付。追溯琴根源，剖析琴谬误。沈遵虽好奇，见此定惊顾。而我粗豪人，岂能知其故。勉吟诗一章，题图聊备数。”）

民国《福建通志》总卷二十五　《琴苑》二十三卷，同安苏瑞桢著。《亦园脞牍》云：“仙根部郎是书，专采琴典，述辑成编，凡操弄沿起，制度损益，音均之辨，派别之殊，自古通琴理之人，咏琴之诗词歌曲，论琴之文，下逮杂事琐记，靡不胪陈，采摭详博，盖山人墨客之技，识曲赏音之事，灿然具备。书分十二门：一曰通义，二曰规象，三曰音均，四曰声歌，五曰手势，六曰审材，七曰诠事，八曰脞录，九曰核古，十曰叙书，十一曰述献，十二曰征文。可谓极操缦家之大成矣。”仙根善抚琴，家蓄古琴不下数十器。

刘　渡

民国《福建通志》总卷四十四　刘渡，字前度，漳州人。善宋元山水，尤精写景。为人风流长厚，弹琴饮酒，无日不自悦也。

杨　氏

乾隆《福建通志》卷五十七　漳浦进士蔡而烷妻。幼聪慧，善弈，旋学琴。初布指便入精胜。及长，工诗，晓星算。尝与其夫夜分读史，有所得，辄见诸倡和。倦则小步庭前，窥星躔，占风雨，或纺车轧轧，坐对鸡鸣，至欢也。有《晓起》诗云："径留残夜月，帘透落花风。"每一诗成，而烷有愧色。惜其诗散佚，但存碎金，不得见全璧矣。

林云心

民国《闽侯县志》卷一百　林云心，林云铭侍姬，能诗善笛。云铭临文，必令其先调一阕而后下笔。及被锢建州，云心为耿部校所夺，有诗自遣云："凄风落叶共酸辛，何事哀蛩更搅人。独倚横吹双泪落，一声肠断大郎神。"大郎神，曲名。武后朝，一士人陷冤狱，其妻配入掖庭，善吹觱篥，乃撰一曲以寄哀怀，取其夫行第为此。

江鸿祯

《琴史续》卷八　江鸿祯，福建福州人。年七岁即能鼓琴，九岁工诗。年十五，梦紫衣女六七人招之游，谓曰：“尔与吾皆阆风侍女也，尔其归乎？”醒以告母，牵衣而泣，乃索平日所作诗焚之，曰：“不可留为人世口实。”援琴弹一曲，不成声，曰：“人琴俱亡矣。”遂推琴而起，寻卒。（《然脂余韵》）

《然脂余韵》卷六　江鸿祯，福建福州人。年七岁即能鼓琴，九岁工诗。年十五，梦紫衣女六七人招之游，谓曰：“尔与吾皆阆风侍女也，尔其归乎？”醒以告母，牵衣而泣，乃索平日所作诗焚之，曰：“不可留为人世口实。”援琴弹一曲，不成声，曰：“人琴俱亡矣。”遂推琴而起，寻卒。其舅氏陈登龙，诗人也，怜其才，检焚余所存，叙而传之，名《焚余存稿》。

民国《福建通志》卷四十五　江鸿祯，福建福州人。年七岁即能鼓琴，九岁能诗。年十五，梦紫衣女六七人招之游，谓曰：“尔与吾皆阆风侍女也，尔其归乎？”醒以告母，牵衣而泣，乃索平日所作诗焚之，曰：“不可留为人世口实。”援琴弹一曲，不成声，曰：“人琴俱亡矣。”遂推琴而起，寻卒。其表舅氏陈登龙，诗人，鸿祯所从学也。怜其才，检焚余所存，叙而传之曰《焚余存稿》。传作有《拟古》《秋来》，五言古；《管夫人画竹》，七言古。登龙称其《送兄》《哭姊》

《对月》诸作，孝敬之心油然所诉。《题曹娥诗》尤为杰作云。（《正始集》）

《闽川闺秀诗话》卷四 陈秋坪先生知余有钞辑闽诗之举，手录其弟登爵及其女弟子江鸿祯遗诗各十余首付予，并称：鸿祯年七岁即能鼓琴，九岁工诗，年十五梦紫衣女六七人招之游，且曰："吾与尔皆阆风侍女也，尔其归乎？"醒以告其母，牵衣而泣，乃索平日所作诗尽焚之，曰："不可留为人世口实。"援琴弹一曲，不成声，曰："人琴俱亡矣。"推琴而起，遂卒。余怜其慧，检焚余及所记忆者，仅此而已。

何汇海

《琴史续》卷四 何汇海，小名会观，惠安崇武人。擅歌曲，工洞箫，时或寄兴翰墨。闻相国张瑞图家有善琴者，厚延来惠，从之三年。一日于葡萄架上采花，闻操《高山流水》，心旷神怡，遂臻妙悟。晚移居县城，设药室，挂一琴于壁，安一局于榻。客到，或与对弈，或与弹弦，随兴所至，家之有无不计也。郡绅黄志美聘居于家，提督张云翼、方伯黄元骥敦为鼓一曲，问以《塞上鸿》，曰："忘过半矣！"云翼厚赠之归。卒年九十余。（《〈泉州府志〉补遗》）

乾隆《泉州府志》卷七十六 何汇海，小名会观，惠安崇武人。擅歌曲，工洞箫，时或寄兴翰墨。闻相国张瑞图家有善琴者，厚延来惠，从之三年。一日于葡萄架上采花，闻操《高山流水》，心旷神怡，即欲飞下。晚移居县城，设药室，挂一琴于壁，安一局于榻。客到，或与对弈，或与弹弦，随兴所至，家之有无不计也。郡绅黄志美聘居于家，提督侯张云翼、方伯黄元骥敦请为鼓一曲，问以《塞上鸿》，曰：“忘过半矣。”云翼厚赠之归。卒年九十余。子欲骏。

何家骏

乾隆《泉州府志》卷七十六　何家骏，字日千，惠安人，汇海次子。能诗，善写芦雁，尤精于棋。从方伯黄元骥之山东，日相唱和，剥啄不厌。

《惠安县乡土志》第三十一课《艺术》　洞箫如何汇海，琴如何家骏亦皆有名。

黄应缵

《琴史续》卷四　黄应缵，字绪庵，漳州府平和人，澄海公梧之孙也。多技能，善骑射，治家严而有法，与人无畛域。人得一奖语，重于金帛之赐。晚耽黄老家言，斋居一室，寄意丝桐，一弹再鼓，以自娱焉。（《漳州府志》）

光绪《漳州府志》卷三十二　应缵，字绪庵，襄壵长子也。嗣忠勇王后，多技能，善骑射。年十四，绍爵。自以先世起家武功，幸际隆平，乃折节读书。比长，才猷益裕，遂疏请自效。康熙四十一年入觐，圣祖恩遇优渥，尝指以示廷臣曰：“此闽省黄氏，世笃忠贞者也。”越五载，以母病请归养。迨母没，哀毁尽礼。逾年竟得末疾，历二十一年而薨，谥温简。

应缵治家严而有法，与人无畛域，人得一奖语，重于金帛之赐。然性好施予，弗吝赈恤。晚耽黄老家言，斋居一室，帘间据几，凡仙释、地理、医方，靡不淹贯，或时弹琴赋诗以自乐。

余昌景

《琴史续》卷六　余昌景，字宜生，长汀人，诸生。美丰仪，善诗歌，尤喜古琴，造诣精绝，旁及书画棋弈，无不入微。常游吴楚间，归筑精舍于古城，号曰米园。弹琴咏诗，以终老焉。自为文记之。（《西神客话》）

乾隆《长汀县志》卷二十二　余昌景，字宜生。美丰仪，善诗歌，琴棋书画，无不精绝。为邑庠名诸生。常游吴楚间，归筑舍于古城，号米园，自为记。

何述善

《琴史续》卷六　何述善，福建人，工琴。家富收藏，有文文山琴，一上有文，自题诗云："松风一榻雨萧萧，万里封疆不寂寥。独有瑶琴遗世虑，君恩犹恐壮怀消。景炎元年月日文某题于清原寺。"宝爱尤甚。闽中龚海峰景瀚尝过其书斋，摩挲抚玩，述善为鼓数曲，海峰赠以诗云："胜事当为十日饮，高情更付七条弦。"（《西神客话》）

《澹静斋诗文钞》诗钞卷二《宿何述善斋晨雨未归遍观书画因得见宋文文山先生所藏琴述善为鼓数曲叠前韵》　良夜深

谈昼起迟，忽看凉雨滴松枝。宣和教主留遗墨（壁挂宋徽宗御鹰），东武王侯有断碑（残碑一纸，诸金石家皆不著录。予以《三国志》考之，知为魏东武侯王基墓志）。胜事当为十日饮（述善方苦留客），高情更付七条丝。摩挱五百余年物，错认蛇斑是藓皮（琴以蛇皮断者为古）。前声掩抑后声迟，凄切如闻唱竹枝。寂寂松风泉出涧，蒙蒙云气雨昏碑。升沉往事惊蕉鹿，哀乐中年寄竹丝。海上成连多学者，谁如道副得吾皮（述善自言戚友多来受琴法者）。

陈春树

《琴史续》卷五　陈春树，字利州，长乐人，诸生。能诗赋书画，尤精音乐。尝从太史徐葆光，册封琉球。琉球故无琴，但有琴谱，国王遣那霸官毛光弼于从春树学琴，习数曲，并请留琴一具从之。（《长乐县志》）

民国《长乐县志》卷二十七　陈春树，字利州，邑诸生，十七都陈店人，寓居会城。能诗赋书画，尤精音乐。总督范时崇、觉罗满保皆雅重之，令画《百鸟图》《洋海分域图》。又从太史徐葆光册封琉球令，画《琉球封域图》，皆呈御览。《琉球志》云："国中无琴，但有琴谱，国王遣那霸官毛光弼于从客福州陈利州处学琴，三四月习数曲，并请留琴一具，从之。"（同治《彭志》）

陈果生

乾隆《南靖县志》卷八　莆田孝廉黄雯送陈果生归南靖序曰：陈子，漳之南靖人也。不遇于时，感愤为僧，客于苏。乙丑夏，予游姑苏，遇陈子鼓琴千人石上，因就学琴，载俱归。日暮泊岸，或时一动操，此外不他及，如偶人形耳。抵家，以客卿处之。一夕大醉，与予等尽道生平故贵介，尝破家从军海上，出使西藩，因自宣其能诗及文，闻者不信。明日卓午，予等集坐，忽忆陈子昨夜语，诘之，笑不答。闭之室中，以“不怨天不尤人”课之，须臾成篇，不加点而字字慧彻，如悟后语，予等相顾舌桥。已复分韵为诗，诗品清逸，中有“姓名终失我，悲喜尽由人”之句，满座嗟赏，喜得良友。呜呼！士君子遭际艰难，埋名匿迹，惟恐人知，往往然尔。独怪古人所以为此者，凡以不遇知己，故晦尔。陈子实遇予，顾亦自晦，何以解哉？当予与同舟时，每遇佳境，辄成一诗，陈子在旁，木然无臧否色。今出其舟中诗示予，则工且富倍于予，然则陈子深于我远矣。夫陈子实善诗若文，而去富贵如敝蓰者也，而抑然深自韬晦，不欲人以文人、诗人、贵介待之，以视予等，可同口语耶？予等敬而师之，岂曰友之云乎？

周蕊芳

《闽川闺秀诗话》卷三　周蕊芳，侯官人，儒士周登龙女，余十弟兰笙之继室也。母高氏，亦能诗，通经史，故蕊芳幼承母训，素解吟咏。年十七，归兰笙，复从余九妹蓉函讲贯，诣益进。善楷书，尝手录唐、宋古近体诗千余首，以授儿辈。并工鼓琴，摒挡家计之暇，挥弦染翰，乐而忘疲。随兰笙赴南安、广文任，卒于官署，年仅三十有七。尝自编其吟稿一卷，题曰《生红馆诗钞》，兰笙录以寄余点定。余最爱其《灯下课杏埼两儿读尔雅》云："课读襄而父，相期此宁馨。问奇宜识字，致用在穷经。且学笺虫鸟，终须辨豹鼮。天鸡他日赋，莫忘一灯青。"雅似老都讲口气。又《兴化江口驿行滨海山径中口占》云："坡垄如涛涌复斜（苏诗：城东坡垄何所似，风吹海涛低复起），笋舆稳似泛轻槎。岭云蒸日易成雨，海岸掠风无定沙。水气混茫摇雉堞，汀烟依约辨渔家。溟濛万象供吟眺，赋手何因拟木华。"亦刻意之作，杂之《四灵集》中，殆未易辨。

民国《闽侯县志》卷一百一　周蕊芳，梁章钜弟云镛继室。母高氏，亦能诗，通经史。蕊芳幼承母训，素解吟咏。善楷书，尝于录唐宋古近体诗千余首，以授儿辈。并工鼓琴，摒挡家计之暇，挥弦染翰，乐而忘疲。随云镛赴南安、广文任，卒于官署。自编吟稿曰《生红馆诗钞》。

张胤奎

民国《明溪县志》卷十四　张胤奎，字启明，好读书，不求闻达。性嗜酒，善鼓琴。每遇良辰，辄呼朋对饮，酒酣兴发，继以诗歌。歌曰："登兹画阁，拂吾素琴。风兮淡淡，水兮沉沉。娇花引蝶，艳柳留禽。俚歌漫唱，浊酒频斟。陶陶然惟醉乡之是往，又何知人世之古今。”其胸怀高旷如此。有一女，严于择婿，无适意者。嗣游夏茂，见洪向夫，奇其才，因妻焉。人讥其择婿得穷措大，毫不以为意。后洪发科，授长史，女膺诰封，人始服其眼力焉。

卢慎徽

民国《永定县志》卷三十二 卢慎徽，号克庵，坎市人，举人，考取景山官学教习，署湖北咸丰、汉川等县知县。工书法，笔力劲健，逼似诚悬。又精音律，善鼓琴，有宓子治单父遗风。

虞时昌

民国《建阳县志》后集卷一 虞时昌，字桐村，号苹野，县坊人。自幼灵敏，善草隶，尤善肖人像。以泥制头面，以绫绢制衣衫，冠履袴袜俱备。置像玻璃匣，几席玩具，排列形式，极为肖妙，观者无不欣赏。且精吹箫，善鼓琴。后游南洋，殁焉。

王嗣洹

乾隆《延平府志》卷三十 王嗣洹，字孺安，沙县人。殿长子。幼遵父训，以孝行为先。善事继母，视其弟侄友爱肫挚。积赀建祠修墓，祭奠必哀，至老不辍。事有便于乡邑者，必为区策，当事重之。厌人阴谋，历举召败者示戒。素善琴，纂谱行世。又与苏之琨同辑《洞天岩志》。年近九旬卒，以子元镐贵，赠昭信校尉。

沈友龙

民国《连城县志》卷二十二 沈友龙，邑庠。乙卯耿变，汀郡伪镇慕其文学，兼工琴操，数招致之，遁迹深山，不为所屈。长兄友耀，遭明季之乱，客死他乡，友龙千里寻骸归葬。赵学使极赏识之，雍正五年崇祀。（按徐志，沈友龙有二：一传孝友，一传文学。今考其事迹，所叙虽不同，然时同名同，当是一人。今并编乡行，附记于此。）

张 迪

民国《同安县志》卷二十八 张金友，字声子，从顺里西塘人，九岁能诗。……子迪，太学生，工琴善弈，书法更精于绘事，至今得其片纸，犹值数金。终身不履公庭，以高行见称云。（旧志）

杨凤来

民国《厦门市志》卷二十五 杨凤来，字紫庭，晚号止庭，龙溪附贡生。居厦，性孝友，生平慷慨，尚然诺，急人之急。与人交，不以贫富死生易态。时厦地疠疫流行，施方药，活人无算。紫阳书院为讲学之地，经费绌，凤来倡议兴复。咸丰二年，英夷构衅，势岌岌，凤来画策说当道，民赖以安。地方有警，凡筹饷、保甲、团练、防海诸大端，均赖擘划。少颖悟，博闻强识，为文有奇气。工琴能画，尤娴篆刻。好蓄古彝器，能辨真赝。行书似董文敏，楷书似欧阳率更，铁笔得汉人意。尝谓汉篆惟瓦当文屈曲有致，摹为小本。读书之余，香一炉，茗一碗，萧然自乐。裒所蓄名家私印成帙，而以所自制者为之殿，有《柏香山馆印存》，凡四卷。

黄履中

民国《永定县志》卷二十四 黄履中，字琴台，庠贡，抚市人。幼颖异，早列博士弟子员。其学经史百家，靡所不窥，发而为文，宏博雄杰。诗亦深造，各体俱工。与廖仲山尚书相友善，多所唱和，尚书称为诗翁。书法具体诚悬，石刻文字多出其手。草书奔放奇峭，莫可端倪，擘窠书尤工。间绘人物山水，笔势苍劲，兰竹俱超逸有致。六十自寿有句云："偷闲画作兰为便，藏拙书从草最宜。"盖自纪其实也。士林和者数百人。素工琴，兴至焚香默坐，古调独弹，其风趣如此。事关地方公益，极为廑念。尝命弟兰台重修考棚、文庙，又在汀州创建永定崇德堂，并规定学师卯礼，以恤寒畯。卒年六十六。著有《龙溪山房试帖》及所作诗古文全集，兵燹后散失。长子庭书，孙文光、邦光，俱邑庠。

曾廷凤

道光《惠安县续志》卷七　曾廷凤，字仪侯，号竹梧，贡生，在坊人。少嗜琴书，从父岱宦学浙江，归后编茅莲花山下。抱病二十载，穷而诗愈工。所著《竹梧新编》，自谓诗学阴何，兴趣淋漓，如身在高山流水间。岁贡生李占春，廷凤结社诗友也。工诗能文，兼精音律。

李　氏

乾隆《马巷厅志》卷十七　（李）氏乃安溪李太史光燠之女，适马家巷贡生林中桂。自幼聪敏，淹贯书史，善弹琴，工吟咏。光燠常示以诗，有“呼婢抱书成博士，倩娘作髻斗婵娟”之句。著有《栖云闺味》，水师提军吴必达题序。

朱一六

民国《永泰县志》卷十《独行传》　朱一六，三十二都人。安贫乐道，不慕华膴，隐其名不传。人以其一生有六嗜：嗜棋、嗜琴、嗜诗、嗜酒、嗜画、嗜山水，称为一六先生。（旧志）

林占梅

民国《同安县志》卷三十六　林占梅，字雪村，号鹤山。始祖三光，以明季东渡，居台南府治檨子林，后迁竹堑。祖绍贤，垦田习贾，复办全台盐务，富冠一乡。有子七，长祥瑞，生占梅。占梅少颖异，读书知礼，无纨袴气。性豪迈，好交名下士，济困扶危，糜万金不少惜。道光二十二年，英犯鸡笼，沿海戒严，倡捐防费，得旨嘉奖，遂以贡生加道衔。二十三年，防堵八里坌口，又捐巨款，事竣，以知府即选。二十四年，嘉、彰械斗，募勇扼守，绝其蔓延，赏花翎。咸丰三年，林恭乱台、凤，北路震动。会道员办全台团练，又捐津米三千石，奏简浙江道。四年，艇匪黄位踞鸡笼，以克复功加盐运使。同治元年春，彰化戴潮春起事，境内土匪窃发，民心惶惑。占梅知，独筹维危局，卒无害。初，潮春设八卦会，势日盛。占梅知其必发，备器械，修城濠，守要害。部署甫定，警报遽至，咸议敛财通款以缓其来，或言弃城走，占梅独排众议曰："淡水为财赋之区，彼必来争，即令行贿，安能保其不至？既至而又何如？我能往，彼亦能往，走将安之耶？今与诸君约，不如以通款之资为战守费。其济，诸君之功；不济，吾以死继之。"众曰："诺。"占梅即以家资十数万为饷糈，城中绅商亦踊跃输将。于是以张世英权厅篆，率众设誓，愿共存亡，民心始定。二年春，勇首蔡宇克牛骂头、梧栖等处，占梅策也。梧栖为通海埠，殷商聚集，占梅以其可进规化，遂取之。世英亦由内山首尾相应。十一月，与官军会攻南门，遂复彰化。事闻，加布政使衔。旋召见，以病辞，遂不出。占梅工诗书，精音乐。军兴时，文移批答，多出其手。暇则弹琴歌咏，若无事然。筑潜园，结构甚佳，知名士多出入其门，文酒

之盛冠北台。著《琴余草》八卷。（《台湾通史》）

《潜园琴余草简编》序一　鹤山善琴，手挥目送，别有会心；故诗味多琴味。山中访隐、海上移情、理性返真、忘形合虚，殆有得于味外味者，丝桐云乎哉？章句云乎哉？仆解组退居，雨窗闲坐，手兹编而三复之，如聆《梅花弄》《桃源吟》，不觉翛然意远。缀数言于简端，鹤山可许为知音否？咸丰四年夏五月，江左徐宗幹识。

《潜园琴余草简编》序二　“山虚水深，万籁萧萧；古无人踪，惟石嶕峣”，此古琴铭也；鹤珊之诗近之。鹤珊精于琴，诗学香山、剑南，得其神似；五言、古近体，尤善摹难状之景，达难显之情：所谓“秀语夺山绿”也。大抵其少作多舒愉恬雅之音，间有天性语，缠绵悱恻，如弹履霜；是可以觇其所养而得其性情之所近。比年海上骚动，鹤珊同牧守竭力堵御，一方赖以安固。近复奉命筹办海运，倡率捐输。其平日之蕴抱，至是而一露焉。出其绪余，发为诗歌以抒写胸臆，不觉苍凉感慨，忧从中来，鹤珊之诗境将一变，又乌测其所至耶！

绍芳因公东渡，获与朝夕从事；鹤珊独心折予，皇然引愧而已。他日者，绍芳和琴成声，得与鹤珊相酬答；出其近作，正襟危坐，以蔷薇露盥手读之，鹤珊当为予鼓一再行，奚翅如刺船海上之移我情也。小石愚弟黄绍芳拜序。

叶鸿元

民国《南安县志》卷三十一　叶鸿元，字光宪，十二都社坛乡人。幼聪颖，日诵千言。稍长，好阅兵战之书，探河图之旨，尤邃于《易》。弱冠，补弟子员，旋食饩。道光己酉，贡成均，彭咏莪宗师以大器目之。乡试八荐弗售，文名噪一时。彭溪生童为笔砚战，鸿元评定而甲乙之，一经斧削，如点铁成金。教授生徒，讲经解理，旁征曲引，妙语解颐。生平乐道安贫，不问家人生产。课徒之暇，纂修谱牒，或弹琴对弈，或品画临书，饶有玩物适情之趣。旁通山医命卜诸书，尤精哑科，求医者踵至，莫不手到春回。著有《易义撮要》《醒园吟稿》《幼科扼要》等书。卒年五十六。

余代淳

乾隆《建宁县志》卷十二　处士余代淳，字明石，城东人。襟怀潇洒，不乐仕进，雅好琴书，日以种竹莳花为事，有晋嵇、阮风。且善行隐德，唯恐人知。

詹绍安

民国《闽清县志》卷七　詹绍安，号竹轩，清光绪丁丑科武进士。性豁达，循循有儒者风。雅好琴棋书画，于书法尤妙，欲得其书者，辄设宴招之。又豪于饮，每乘醉泼墨，酣畅淋漓，有春蚓秋蛇之致。尝客台湾，其大家名族多留有墨迹，至今得其尺幅者，宝如连城焉。

李启南

乾隆《长汀县志》卷二十二　李启南，字向明，性至孝，隐居不仕，时抚一琴自娱。生平多技艺，尤精堪舆，郡人奉若神明。子忠徵，亦精其业。

邱　兴

民国《龙岩县志》卷三十二　邱兴，号素庵，邱园之子也。庵好宾客，尚洒落，善抚琴。乐间歌咏弦竹之声，每接宾客，遇其知己者，必献酬致意，忘怀尽欢而罢。陈令熙来牧岩，时寇警甫息，向庵请教。庵曰："徐待之，散可合，乱可理，滞可疏，匮乏可充实，瘠弱可壮强，其要在于敬信。"熙用其言，岩局日渐安谧。庵卒，苏鑣哭以诗云："素庵髣髴子云亭，人去西风为掩扃。焚券有仁传里闬，救荒留义在朝廷。龙津八秩收长钓，虎岭十年瘗古铭。传世有人能干蛊，杏坛深处雨珠零。"

童　昆

民国《连城县志》卷三十二　童昆，字良玉，以琴名。顺治戊子方九岁，被掠入燕，与旗下诸儿骑射逐水草，出口外至沈阳。好音律及击剑、蹋球、走解诸技，靡不精妙。学相马，往来秦晋燕赵齐鲁间。后辛丑大比，过都门汀州会馆，询知母兄无恙，奔归寻母，恸哭悔艾，遂折节习文。甲寅耿变，出广信依仲兄，复游姑苏，遇林质然先生，授以宫商，能自出谱。且精制琴，名闻当道。汀太守王毓贤兵使者周昌，皆礼而受学焉。周使琉球回，阻风普陀，又阻梅洲，因台湾新附，移周镇其地，从往台湾，遍游诸罗山。罗离台湾数百里，三年而归。为大风飘至南澳，时马三奇驻潮，召入署。夫人出而受琴

童一雄

民国《连城县志》卷二十六 童一雄，号知虚。性明敏，弱冠受知督学程。筑别墅室右，花鸟琴棋，与二三良朋辨晰音律。善画，遗所作松石、八骏等幅，为世所珍。晚年额所居曰晚香。兄早世，无嗣，以长男继之，完嫂冰节。生平慷慨，所行多义举。督修文庙，尤著劳绩。子仲滋，克绍前烈。乾隆甲午，倡建南门外天后宫。

黄正傅（年代未详）

乾隆《建宁县志》卷二十三 黄正傅，字师弼，安吉人。善音律，美髯修眉，风神疏朗。尝负丝桐遨游四方，所至皆知名，犹自叹知音难遇。晚年息足于家，里中能琴者，皆其弟子焉。

《琴史续》卷四 黄正傅，字师弼，建宁人。善音律，美髯修眉，风神疏朗。尝负丝桐遨游四方，所至皆知名，犹自叹知音难遇。晚年息足于家，里中能琴者，皆其弟子焉。（《邵武府志》）

光绪《重纂邵武府志》卷二十四　黄正傅，字师弼，善音律，美髯修眉，风神疏朗。尝负丝桐遨游四方，所至皆知名，犹自叹知音难遇。晚年息足于家，里中能琴者，皆其弟子焉。

民　国

李迪瑚

《八闽古邑浦城·人物春秋》 李迪瑚，字聘珍，号葆珊，晚年好佛，又号匏僧、闲云居士，浦城城关人。清末拔贡，授候补通判。光绪三十年(1904)留学日本早稻田大学，攻读法律、经济。光绪三十三年回国，创浦城公立两等小学堂并任校长。次年就任浦城县劝学所总董、浦城商务分会总理。在日本，他考察了明治兴邦治国的新政，归国时，带回大量科技书籍及织布机、印刷机(石印)等，在浦城倡办实业，建桑园，教缫丝，传授养蜂、织布和石印等技艺。民国初建，李任军政府闽省都督府财政部会计科科长。1914年回乡任县劝学所所长。1916年他捐资创办浦城私立中学，自任校长，为浦城县第一所中等学校（浦城一中前身）。1918年任浦城县商会会长。1919年，当选省参议院候补议员，后历任福建省公署咨议、闽北镇守使咨议、福建陆军警备司令部咨议、福建第五区烟草局局长。此后长期旅居上海，住花园坊。李在上海，研古琴，治金石，为上海古琴研究会会员，闽派古琴代表，是当时古琴界有影响的人物。1941年上海沦陷前夕回浦城，集古今格言，编印《训俗诗歌》。李迪瑚平生广置图书，建有“酌海楼”，藏书多达四万余册。他能诗善文，著作有《玄秘导机》《酌海楼琴谱》《酌海楼印谱》《酌海楼诗存》《读史论略》《篆刻箴度》等十五种。

《闽派古琴之源——浦城派》上篇《闽派古琴》　李迪瑚是桐君的私淑弟子，他从学于祝桐君的儿子祝枚庵和哲夫，掌要旨，遂成大家。1936年，在苏州成立今虞琴社；年底，又在上海组建今虞沪社，李迪瑚为其中成员。他在琴社讲演和在《今虞琴刊》发表有关闽派古琴的要旨。研究颇有心得，著有《酌海楼琴言》《酌海楼琴谱》五卷。李迪瑚平生广置图书，建酌海楼，藏书达底万多册。家藏古琴五张，其中二张十分珍贵，均有绿石料为底的篆刻注于琴底。

《今虞琴刊·纪载》　李迪瑚，字葆珊，又号匏僧，斋名酌海楼，福建浦城人。古琴师从祝桐君、李哲夫，藏有古琴八床，今琴二床，最住者秋声，系桐君先生十二琴楼藏琴之一。瑶琴，明益藩制。秘籁，万梓材，得武夷虹桥所制。我心，旧琴重修。（据《琴人题名录》《琴人问讯录》整理）

何振岱

《何振岱评传》　何振岱（1868—1952），字梅生，又字心与、觉庐悦明，花甲之年改字梅叟，号南华老人、龙珠居士，闽县（今属福州）人，古文家、诗词家、方志家及传统诗学教育家。

何振岱工七弦琴，他在《杭州徐圣禅家藏古琴拓本序》中说："余初学琴，笃访琴人，无真正知解者。最后得贵阳刘君章甫钦，本末兼审，妙阐元旨，具有道气，度其所诣直不可以一艺尽之。惜其人已往，未有继之者。"何振岱最擅长的曲子是《高山流水》《秋江夜泊》与《平沙落雁》等。他的琴艺具有刚阳中和之美，音色明亮饱满，高朗纯粹，板眼则干净明白，已达刚柔相济、虚实相涵的圆熟之境，听之使人神往。何振岱认为古琴是一门学问，不仅仅是演奏。在《与耐轩坚庐书》第六则中写道："盖弹琴人须有数千卷书意在胸中，不然则江湖琴匠而已。此间有专门弹琴者，不敢见之。因观其所为诗，尘俗不堪，知其意味之必不美。"他在1928年农历九月十三日的日记中写道："儒者抚弦，意在养心，无取乎江湖琴匠，必以多弹若干曲见长也。"在《述琴视蕙愔》中云："琴瑟常在前，礼经果何意？为乐以陶心，其用先调气。舒春郁为秋，导和于天地。一气有节宜，和至诣斯粹。若使气累心，焉能神合器？是故操琴人，以和为其至。"

由此可见，何振岱所悟的是琴道，所修的是琴心，目的在于陶泳身心，使琴道之大备也。当时上海最重要的琴会晨风庐琴会，邀请海内知名琴家参加，何振岱亦在邀请的名单中。何振岱女弟子叶可羲云："七弦琴近岁此道几无知者，赖何振岱传弟子数人，免于绝响。"八才女之一的王德愔，不仅向何振岱学琴，还特以自己的居所署为琴寄室。寄者，寓也。寓情于琴，可以想见其端坐一室，操缦安弦的情景。作为近代闽省著名的古琴家之一，何振岱曾说："盖琴之为道与凡艺殊。昔者君子一生寓情于是，不学之人与之读画或有所解，而与之闻古乐，则有倦而思睡耳。天下之绝艺不可与人知者，其中皆不独具之趣。"他曾对女弟子说："琴与字必不可一日辍，两事最易荒，余每验而知之。方勤理他课，则早起先了此两课，期无忘而已，亦至夺他课也。"

名师难遇，名琴更难求。何振岱不仅善琴艺，且喜收藏古琴。他一生中邂逅两名琴，在民间传为美谈。一是于辛亥年（1911）购得许瓯香家一把古琴，琴曰"悬崖玉溜"，为元代至正元年钱塘张君翼所斫，琴间有梅花纹。惜不久这把名琴遗失，落到京师某权贵手里，何振岱常为之忧思成疾。二是之后的某一年季秋，何振岱从市间又购得一琴，琴背有篆文"松雪斋"三字，池心镂刻"光化二年"的隶文，据传为吴兴所藏，为唐昭宗时制作。这一历经千年的古琴"蛇跗断文古色斑驳，试弹之，音响清越"。两把传世名琴皆为何振岱"在风声鹤唳中得之"，惜至今下落不明，他曾作长歌以志之。

周振音

《闽派古琴之源——浦城派》上篇《八闽琴史略》　周筱屏，字振音，清末古琴名家。弟子有黄松、丁寿安（台湾）、黄茂才等。

黄　松

《明诚集》卷三《泉州文史·享年九五的琴画名家黄松行述》　黄松，字渔仙，泉州市人，晚年自号温陵老人，闺名安治。故人多亲热地叫她“安姑”，晚一辈则称为“安姑婆”。

1932年，上海有十八省古琴演奏会，邀请全国各地古琴名家来沪参加，黄松也在被邀之列。她所奏《胡笳十八拍》《梅花三弄》《关山月》《阳关三叠》《平沙落雁》《归去来辞》等名曲，独具风格，造诣出众，赞不绝口，被誉为南派古琴名师。

《中华民国史人物传》第三卷《黎烈文》　其时，黎烈文的叔母黄渔仙为《申报》馆主持人史量才教授古琴。黄渔仙，名松，福建泉州人。与黎烈文叔父结婚，婚后到湘潭，生二女（曾昭、琼昭），丈夫逝世后携女到上海，为其同乡人中南银行总经理黄浴沂聘为家庭教师。史量才因黄浴沂之介绍，请黄渔仙教授操古琴。解放后，黄渔仙曾任上海文史馆馆员，擅绘画，弈棋，通昆曲。晚年归故里，1982年5月30日病逝。黎烈文原为黄渔仙之侄，因其叔无子，遂为黄之嗣子。（以上据原《申报》总经理马荫良口述）

刘含章

《今虞琴刊·纪载》　刘含章，字仲瓒，福建闽侯人。法官。学琴于吴浸阳，与徐元白等在南京组织青溪琴社。（据

《琴人题名录》《琴人问讯录》整理）

黄　滌

《今虞琴刊·纪载》 黄滌，字鞠生，号舍不舍斋，福建闽侯人。古琴师从鼓山无名僧，藏有无名、习静、辨梦、铎民、涛雷、片秋、九霄佩等琴。藏有松弦馆等十余种琴谱。能弹《洞天春晓》《水仙》《高山流水》《乌夜啼》《风雷引》等十五曲。兼擅篆隶、山水、兰竹、篆刻。著有《舍不舍斋琴说》《问剑庐印存》《佛海网珠》等。（据《琴人题名录》《琴人问讯录》整理）

周子秀

《海潮音》第十一卷第三期《泉州赠周子秀琴师》 春山春景叶春弦，花在枝头月在天。静坐焚香弹一曲，泠泠然似御风仙。

《海潮音》第十一卷第五期《周子秀先生携琴枉过》 客思今宵更不任，一灯相对静聆琴。知音我自惭钟闵，虚负先生此夜心。

《海潮音》第十三卷第十期《赠周子秀》 秋风飒飒白云飞，秋月当空天地白。先生独抚七弦琴，弹尽心声人未识。

《国立海疆学校校刊》第十四期《全校教职员举行联欢宴，周子秀先生抚琴助兴》 本月十六日下午六时，全校教职员假花巷校舍膳厅举行联欢宴。银灯初上，准时入席，席间杯觥交接，笑声扬溢，情绪极为融洽。餐毕全体同仁登三楼交谊厅聆听周子秀先生之古琴（七弦琴）。周先生为佛教徒，年约六十，精神清癯，渠于热烈之掌声中步入厅中，先阐明古琴之源流及演奏法，继而依踞抚琴，琴声清和，潜蕴古风，众均屏息而听。所奏节目有《归去来兮》《平沙落雁》《汉宫秋月》《阳关三叠》《前赤壁赋》《春景》等。周先生奏《归去来兮》及《前赤壁赋》二曲时，并以歌应和，十分清妙。盛会历至三小时而毕。

郭同甫

《近世古琴逸话》上篇《郭同甫失琴》 郭同甫（1885—约1971），名曾量，号同甫。福建闽侯人。早年传祝桐君一脉琴学，曾参加科考。民国后曾任某县县长及吴佩孚秘书。1949年后为上海文史馆馆员。1956年留下琴曲《水仙》《平沙落雁》《山居吟》录音。亦为名棋手，以中盘善战见称。

《今虞琴刊续·忆郭同甫先生·失琴》 郭先生曾化了二千银元买了张宋琴，最是上品。兵荒马乱之际，一日为避追杀，失琴。我问道：“琴人失此琴，先生当时如何感受。”回答：“江山尚且今天你的，明天他的，何况一琴。”

《今虞琴刊续·忆郭同甫先生·琴》 郭先生弹琴从容沉稳，这是我的感觉。他常说“莫不易于速，莫不难于慢”。

曾闻郭先生学琴于祝桐君，详情并不清楚。郭先生对琴曲品调高下之分别十分讲究与敏感，俚俗之声不容入耳。

平素曾听郭先生弹过《水仙操》《平沙》《渔樵》《白雪》《阳关》《归去来》《潇湘》等曲；人老矣，每每弹而不全，只能以意味取之了。

《申报》1935年10月31日第四版《吴门琴讯》　近岁舞场歌榭，蕃乐盛兴，资以悦耳快心者，匪此莫属。至若琴学一道，几成绝调，所谓高人逸士，引商刻羽，亦不过为诗歌词曲上名词点缀耳。今秋重九，澄江庄剑丞君，雅人深致，逸兴遄飞，柬邀闽、湘、皖、鄂、蜀、越诸省旅苏琴友，会于顾氏怡园。是晨饮马护龙之道，路行者辄见挟琴而过，不知其事者指为日人假某园举行琴会也。“琴与弈，皆吾国固有之艺术，今弈之一席，已让日人居上，而琴之一艺，亦将畀日人兼而有之邪？此小事也，足觇国人之心理。”会中操琴者，为李子昭、吴兰荪、郭同甫、彭祉卿、查阜西、吴湘泉、吴湘岑、吴湘珩、庄剑丞九人。李年七十九，最长；湘岑、湘珩两女士，最幼，年均不逾二十也。查阜西先生为庄君之师，查对人云：“剑丞为吾入室弟子。”剑丞语余云：渠师于琴，不以操缦为尽事，其审别律吕细微处，多发前人所未发。且谓律吕成法也，音韵天籁也。今之操缦者，辄以天籁之音节，囿于成法之律吕，是能擅琴工之末艺，不足以语琴学之至道也。查所操《潇湘水云》一曲，凡十八节，宋郭楚望所作，律之隶于无射均者也。前三节和而缓，使听者耳目之下，如见云山叆叇、烟树迷蒙之态。四节以下舒而展，引人心神交会，如偏舟一叶，往还云水之中。最妙者，操至尾声，而环听者之踞案凭机倚柱如故也。此盖响乎内而静乎外者欤？剑丞操《长门怨》，于怨字曲曲传出，不敢谓为出蓝，以视向者之□于琴工，判若霄壤矣。余如李翁以下所奏，无不圆妙。与会者凡三十余人，查君为同会摄景而散。园主彦平先生云："民九秋，杭人叶璋伯先生亦假是地作会琴盛举，到会者亦数十人，操奏者有方外二人，而无闺秀，是今日之会，谓为胜于昔日之会，亦无不可。"

有名无传者

明　代

吴彦锡

吴为

郑当时

王宇

汪汝椿

朱浈

民　国

石恩纶

《今虞琴刊·纪载》：字大霖，福建人。

刘济唐

《今虞琴刊·纪载》：字慕尧，福建浦城人。

刘　楷

《今虞琴刊·纪载》：字敬庄，福建浦城人。

许葆宜

《今虞琴刊·纪载》：字燕亭，福建建瓯人。

祝葆俊

《今虞琴刊·纪载》：字仰曾，福建浦城人。

郭幼华

参考文献

（明）黄仲昭纂修：弘治《八闽通志》八十七卷，清顺治二年重刻本。

（明）周瑛、黄仲昭纂修：弘治《大明兴化府志》五十四卷，清同治十年重刻本。

（明）许仁修，（明）蒋孔炀纂：嘉靖《德化县志》十卷，抄本。

（明）夏玉麟等修，（明）汪佃等纂：嘉靖《建宁府志》二十一卷，明嘉靖二十年刻本。

（明）韩国藩修，（明）侯衮纂：万历《邵武府志》六十四卷，明万历四十七年刻本。

（明）殷之辂修，（明）朱梅等纂：万历《福宁州志》十六卷，明万历四十二年刻本。

（明）袁业泗、刘庭蕙纂修：万历《漳州府志》三十八卷，明万历元年刻本。

（清）祝文郁修，（清）李世熊纂：康熙《宁化县志》七卷，清同治八年重刊本。

（清）李传甲修，（清）郭文祥纂：康熙《福清县志》十二卷，清康熙十一年刻本。

（清）程应熊、姚文燮纂修：康熙《建宁府志》五十卷，清康熙五年抄本。

（清）郑功勋修，（清）宋祖墀、王廷聘等纂：康熙《永春县志》十卷，清康熙三十一年刻本。

（清）潘拱辰纂修，（清）黄鉴补遗：康熙《松溪县志》十卷，民国活字本。

（清）刘旷纂修，（清）赵良生续纂修：康熙《永定县志》十卷，抄本。

（清）杜之昂修，（清）路跻垣、申昌先纂：康熙《平顺县志》十卷，民国三十四年抄本。

（清）裘树荣等纂修：雍正《永安县志》十卷，清道光十三年刻本。

（清）徐景熹修，（清）鲁曾煜等纂：乾隆《福州府志》七十六卷，清乾隆二十一年刻本。

（清）郝玉麟等修，（清）谢道承、刘敬与纂：乾隆《福建通志》七十八卷，清乾隆二年刻本。

（清）怀荫布修，（清）黄任、郭赓武纂：乾隆《泉州府志》七十六卷，清光绪八年补刻本。

（清）卢建其修，（清）张君宾、胡家琪纂：乾隆《宁德县志》十卷，清乾隆四十六年刻本。

（清）方鼎修，（清）朱升元纂：乾隆《晋江县志》十六卷，清乾隆三十年刻本。

（清）傅尔泰修，（清）陶元藻等纂：乾隆《延平府志》四十六卷，清同治十二年重刊本。

（清）汪大经等修，（清）廖必琦等纂：乾隆《兴化府莆田县志》三十六卷，清光绪五年补刻本。

（清）李永锡等修，（清）徐观海纂：乾隆《将乐县志》十六卷，清乾隆三十年刻本。

（清）韩琮修，（清）朱霞等纂：乾隆《建宁县志》二十八卷，清乾隆二十四年刻本。

（清）陈朝羲修，（清）许春晖纂：乾隆《长汀县志》二十六卷，清乾隆四十七年刻本。

（清）姚循义修，（清）李正曜等纂：乾隆《南靖县志》十卷，清乾隆八年刻本。

（清）万友正纂修：乾隆《马巷厅志》十八卷，清光绪九年补刻本。

（清）常明等修，（清）杨芳灿、谭光祜等纂：嘉庆《四川通志》二百零四卷，清嘉庆二十一年刻本。

（清）吴裕仁纂修：嘉庆《惠安县志》三十六卷，民国二十五年铅印本。

（清）彭衍堂、袁曦业修，（清）陈文衡等纂：道光《龙岩州志》二十卷，清光绪十六年重刻本。

（清）孙尔准等修，（清）陈寿祺纂，（清）程祖洛等续修，（清）魏敬中续纂：道光《重纂福建通志》二百七十八卷，清同治十年刻本。

（清）程鹏里等修，（清）魏敬中纂：道光《政和县志》十一卷，道光十三年刻本。

（清）梁舆、李再灏修，（清）江远青等纂：道光《建阳县志》二十卷，抄本。

（清）周凯纂修：道光《厦门志》十六卷，清道光十九年刻本。

（清）胡之鋘修，（清）周学曾、尤逊恭等纂：道光《晋江县志》七十七卷，清抄本。

（清）娄云纂修：道光《惠安县续志》十二卷，民国二十五年铅印本。

（清）王鳞飞、张秉堃修，（清）冯世瀛、冉崇文纂：同治《增修酉阳直隶州总志》二十二卷，清同治三年刻本。

（清）王琛、徐兆丰修，（清）张元奇等纂：光绪《重纂邵武府志》三十卷，清光绪二十四年刻本。

（清）翁天祜、吕渭英修，（清）翁昭泰纂：光绪《续修浦城县志》四十二卷，清光绪二十六年刻本。

（清）沈定均修，（清）吴联熏纂：光绪《漳州府志》五十卷，清光绪四年刻本。

李厚基等修，沈瑜庆、陈衍纂：民国《福建通志》五十一总卷六百十一分卷，民国二十七年刻本。

孟昭涵修，李驹纂：民国《长乐县志》三十卷，民国六年铅印本。

马龢鸣等修，杜翰生纂：民国《龙岩县志》三十七卷，民国九年铅印本。

徐元龙修，张超南、林上楠纂：民国《永定县志》三十六卷，民国三十八年石印本。

钱仲仁等修，王尚义等纂：民国《固安县志》四卷，民国三十一年铅印本。

石有纪修，张琴纂：民国《莆田县志》三十四卷，抄本。

苏镜潭纂修：民国《南安县志》四十八卷，民国铅印本。

陈一堃、王集吾修，邓光瀛纂：民国《连城县志》三十二卷，民国二十八年石印本。

詹宣猷修，蔡振坚等纂：民国《建瓯县志》三十七卷，民国十八年铅印本。

林学增等修，吴锡璜纂：民国《同安县志》四十二卷，民国十八年铅印本。

王维梁等修，廖立元等纂：民国《明溪县志》十五卷，民国三十二年铅印本。

赵模、姚有则等修：民国《建阳县志》十二卷，民国十八年铅印本。

厦门市修志局纂修：民国《厦门市志》三十五卷，民国抄本。

金章等修，王绍沂纂：民国《永泰县志》十二卷，民国十一年铅印本。

杨宗彩修，刘训瑺纂：民国《闽清县志》八卷，民国十年铅印本。

欧阳英修，陈衍纂：民国《闽侯县志》一百六卷，民国二十二刻本。

杜唐编：《惠安县乡土志》，民国二十三年铅印本。

（宋）朱熹撰：《晦庵续集》十一卷，四部丛刊景明嘉靖本。

（宋）真德秀撰：《西山先生真文忠公文集》五十一卷，四部丛刊景明正德刊本。

（元）脱脱等撰：《宋史》，北京：中华书局，1985年。

（元）吴海编著：《闻过斋集》八卷，民国嘉业堂丛书本。

（明）陶宗仪撰：《书史会要》九卷，清文渊阁四库全书本。

（明）徐勃撰：《笔精》八卷，清文渊阁四库全书本。

（明）胡文焕撰：《文会堂琴谱》六卷，载《琴曲集成》第六册，北京：中华书局，2010年。

（明）张大命辑：《太古正音琴经》十四卷，明万历刻后印本。

（明）宋瑞仪撰：《考亭渊源录》二十四卷，明隆庆刻本。

（明）李贽撰：《焚书》六卷，明刻本。

（明）何炯辑：《清源文献》十八卷，明万历二十五年程朝京刻本。

（明）张以宁撰：《翠屏集》四卷，扬州：广陵书社，2016年。

（明）黄仲昭撰：《未轩文集》十二卷，清文渊阁四库全书本。

（明）黄道周撰，翟奎凤、郑晨寅、蔡杰整理：《黄道周集》，北京：中华书局，2017年。

（明）程嘉燧撰：《松圆浪淘集》十八卷，明崇祯刻本。

（明）张燮撰：《霏云居集》，载《张燮集》第一册，北京：中华书局，2015年。

（清）李清馥著，何乃川点校：《闽中理学渊源考》，南京：凤凰出版社，2011年。

（清）程允基纂辑：《诚一堂琴谈》二卷，清康熙四十四年程氏诚一堂刻本。

（清）朱彝尊辑：《明诗综》一百卷，清文渊阁四库全书本。

（清）纪昀等纂：《钦定四库全书总目提要》二百卷，清乾隆武英殿刻本。

（清）黄锡蕃撰：《闽中书画录》十四卷，民国三十二年合众图书馆丛书本。

（清）陈田辑：《明诗纪事》一百八十七卷，清陈氏听诗斋刻本。

（清）钱谦益辑：《列朝诗集》八十一卷，清顺治九年毛氏汲古阁刻本。

（清）黄承增辑：《广虞初新志》四十卷，清嘉庆八年刻本。

（清）林尧光撰：《涑亭诗略》一卷，清刻本。

（清）李光塽订：《兰田馆琴谱》，载《琴曲集成》第十六册，北京：中华书局。

（清）云志高辑：《蓼怀堂琴谱》，北京：中国书店出版社，2009年。

（清）梁章鉅撰：《闽川闺秀诗话》四卷，清道光二十九年刻本。

（清）王蕴章撰：《然脂余韵》六卷，民国本。

（清）黄锡蕃撰：《闽中书画录》十四卷，民国三十二年合众图书馆丛书本。

（清）马士骏撰：《琴香堂琴谱》，载《琴曲集成》第十七册，北京：中华书局，2010年。

（清）梁章鉅撰：《归田琐记》八卷，清道光二十五年刻本。

（清）陆以湉撰：《冷庐杂识》八卷，清咸丰六年刻本。

（清）王韬撰：《瀛壖杂志》六卷，清光绪元年刻本。

（清）王韬撰，汤志钧、陈正青校订：《王韬日记》，北京：中华书局，2015年。

（清）张鹤编：《琴学入门》，载《琴曲集成》第二十四册，北京：中华书局，2010年。

（清）祝凤喈整理：《春草堂琴谱》，北京：中国书店出版社，2005年。

（清）龚景瀚撰：《澹静斋诗文钞》十四卷，清道光二十年恩锡堂刻澹静斋全集本。

（清）林占梅撰：《潜园琴余草简编》，台湾文献史料丛刊第八辑，台湾大通书局，1984—1987年。

徐世昌辑：《晚晴簃诗汇》二百卷，民国退耕堂本。

戴正诚编：《郑叔问先生年谱》，民国铅印本。

周庆云编：《琴史补 琴史续》十卷，北京：中国书店出版社，2018年。

周庆云编：《琴书存目》六卷，民国三年刻本。

刘建萍著：《何振岱评传》，北京：人民出版社，2017年。

陈盛明著，陈自强、蔡一村编：《明诚集》，厦门：厦门大学出版社，2015年。

徐德明、余奎元主编：《八闽古邑浦城》，福州：福建省地图出版社，1998年。

甘跃华主编：《闽派古琴之源——浦城派》，福州：海峡文艺出版社，2019年。

李新总编，中国社会科学院近代史研究所中华民国史研究室编：《中华民国史》，北京：中华书局，2011年。

严晓星著：《近世古琴逸话》，北京：中华书局，2010年。

上海佛学书局编：《海潮音》，第十一卷第三期，1930年。

上海佛学书局编：《海潮音》，第十一卷第五期，1930年。

上海佛学书局编：《海潮音》，第十三卷第十期，1932年。

国立海疆学校出版组编：《国立海疆学校校刊》，第十四期，1948年。

今虞琴社编印：《今虞琴刊》，1937年。

上海今虞琴社编：《今虞琴刊续》，1996年。

《申报》，1935年10月31日。

《台湾日日新报》，1907年11月3日。

索　引

姓名	朝代	籍贯	琴论 著作	页码
A				
艾逢节	明			43
C				
蔡元定	宋	建阳		17
曾廷凤	清	惠安		99
陈　辉	明	闽县	《琴边清唱集》	26
陈　旸	宋	福清	《乐书》	4
陈春树	清	长乐		93
陈登龙	清	福州	《出塞录》《里塘志略》《蜀水考》《天全州闻见记》《读礼余篇》等	67
陈果生	清	南靖		94
陈克勤	宋	福清		8
陈　盛	清	龙岩		71
陈颙奎	清	晋江		83
陈　迅	清	莆田		78
陈震岳	清	晋江	《静斋野稿》《静斋乐书》	67
陈钟瑛	明	晋江	《密庵初集》《定山集》《霞圃集》《紫塔诗》	42

姓名	朝代	籍贯	琴论 著作	页码
陈　杰	宋	福清		7
		D		
邓　松	清	建宁		85
丁　同	明	政和	《鲁钝集》	25
		G		
郭柏心	清	侯官	《琴学尊闻》	82
郭同甫	民国	闽侯		112
郭彦贵	明	晋江		31
郭幼华	民国			116
		H		
何　薳	宋	浦城	《春渚纪闻》，内有《杂书琴事》一卷	3
何汇海	清	崇武		90
何家骏	清	崇武		91
何淑蘋	清	邵武	《琴北诗钞》	85
何述善	清			92
何振岱	民国	福州		107
黄大临	清	晋江		70
黄道周	明	漳浦		55
黄而辉	清	同安	《讷园诗选》	82
黄　濂	民国	闽侯		111
黄　松	民国	泉州		110
黄维珪	明	晋江		37
黄　铣	明	邵武		27
黄应缵	清	平和		91

姓名	朝代	籍贯	琴论 著作	页码
黄正傅	清	建宁		104
黄　址	宋	晋江		11
黄　铢	宋	崇安（今武夷山）		8
黄履中	清	永定		98
		J		
暨日华	明	崇安		55
江鸿祯	清	福州	《焚余存稿》	89
姜大观	清	在城		84
		K		
康兆元	清	在城		84
孔希岛	明	晋江		29
		L		
李迪瑚	民国	浦城	《玄秘导机》《酌海楼琴言》《酌海楼琴谱》《酌海楼诗存》《酌海楼印谱》《读史论略》等	106
李光墺	清	安溪	《乐由》《兰田馆琴谱》	62
李开芳	明	永春	《天风堂集》	30
李启南	清	长汀		103
李　氏	清	安溪		99
李世珣	清	南安		65
李正捷	清	厦门	《月山诗文集》	58
李至规	宋	侯官		20
李　贽	明	晋江	《焚书》《续焚书》等	38
梁符瑞	清	侯官	《静安吟草》	70

姓名	朝代	籍贯	琴论 著作	页码
梁运昌	清	长乐	《秋竹斋诗文集》《陈氏古音考订》《读诗考韵新谱》《四书偶识》《史汉眉评》《说文小笺》《难经发明》《两汉魏晋宋齐诗式》《全唐诗随笔》《唐人风格集》《杜园说杜》《韩诗细》《苏诗钞》	74
梁韵书	清	侯官	《影香窗诗钞》	69
林 仁	清	同安		58
林 铭	明	长乐		45
林 抟	宋	福清		6
林 伟	清	侯官	参订《蓼怀堂琴谱》	65
林霞起	清	连城		65
林虚极	宋	漳州		5
林尧光	清	莆田	《涑亭诗略》	61
林云心	清	闽侯		88
林占梅	清	同安	《潜园琴余草》	99
林真士	明	长乐		44
刘 渡	清	漳州		88
刘含章	民国	闽侯		110
刘济唐	民国	浦城		115
刘 楷	民国	浦城		115
刘子翚	宋	崇安		9
卢信臣	清	汀州	校正《春草堂琴谱》	82
卢慎徽	清	永定		96
罗嗣元	明	永安		32

姓名	朝代	籍贯	琴论 著作	页码
吕景鸣	明	漳州		28
		M		
马　铎	明	长乐		26
		Q		
邱大儒	明	上杭		54
邱　兴	清	龙岩		103
		R		
阮　逸	宋	建阳	《钟律制议》《琴集图》	19
		S		
沈友龙	清	连城		97
盛　接	明	福宁（今宁德）		54
石恩纶	民国			115
史继佃	明	晋江		49
宋　珏	明	莆田		56
苏伯厚	明	建安	《素履集》	21
苏瑞桢	清	同安	《琴苑》	86
苏绍成	宋	德化		11
孙丕显	明	七闽	《燕闲四适》	41
		T		
童　昆	清	连城		103
童一雄	清	连城		104
		W		
汪汝椿	明			115
王　琪	明	龙岩		53

姓名	朝代	籍贯	琴论 著作	页码
王 宫	清	建宁		84
王 陞	明	晋江		43
王嗣洎	清	沙县		96
王秀蕙	明	龙岩		54
王 宇	明			115
魏时敏	明	莆田	《竹溪集》	51
温 恭	明	晋江		48
温 显	明	晋江		33
吴 晋	清	上杭	《草木心集》	58
吴 海	明	闽县	《闻过斋集》	23
吴国望	清	浦城		73
吴 景	清	浦城		72
吴景伯	清	浦城		73
吴 统	清	浦城		73
吴 为	明			115
吴彦锡	明			115
吴宜蛰	清	在城		84
吴必兴	明	建阳		47
X				
萧长夫	宋	闽县		18
谢廷宝	清	龙岩		71
徐 昆	明			54
许葆宜	民国	浦城		115
许馥荃	清	侯官	《琴音轩诗草》	68
许赓皞	清	建瓯		78
许赓年	清	建瓯		79

姓名	朝代	籍贯	琴论 著作	页码
Y				
颜　超	清	晋江		66
杨表正	明	永安	《正文对音捷要琴谱》	36
杨日娗	明	莆田		42
杨　氏	清	漳浦		88
杨凤来	清	龙溪		97
叶鸿元	清	南安	《易义撮要》《醒园吟稿》《幼科扼要》等	101
余昌景	清	长汀		92
余代淳	清	建宁		102
余重谟	明	将乐		53
虞时昌	清	建阳		96
Z				
詹绍安	清	闽清		102
张大命	明	建阳	《太古正音琴经》《太古正音琴谱》	34
张　迪	清	同安		97
张　烈	清	龙岩		72
张如玉	清	浦城	《暗香琴言》	86
张　颐	明	惠安		47
张胤奎	清	明溪		95
赵希抃	明	瓯宁（今建瓯）		32
真德秀	宋	浦城		14
郑　昂	宋	福州	《书史》《琴史》	10
郑邦俶	明	晋江		40

姓名	朝代	籍贯	琴论 著作	页码
郑当时	明代			115
郑洛英	清	侯官	《秋江未焚草》	70
郑善述	清	福清	《敬修堂集》	59
郑文宝	宋	宁化		1
郑文贤	明	福安		28
郑　祐	明	惠安		46
周末鏞	明	清浦上廊（今莆田黄石镇）		27
周蕊芳	清	侯官	《生红馆诗钞》	94
周振音	民国	泉州		109
周子秀	民国	泉州		111
朱　熹	宋	建阳	琴曲：《月波》《碧涧流泉》《冰清吟》 琴论：《琴律说》	12
朱一六	清	永泰		99
朱　湞	明	考亭		115
朱宗明	明	福清		25
祝安甫	清	浦城		81
祝葆俊	民国	浦城		116
祝凤喈	清	浦城	《与古斋琴谱》	80
祝凤鸣	清	浦城		79
祝庆年	清	浦城		81

图书在版编目（CIP）数据

福建琴人史料辑录 / 张俊波，黄志禄辑. -- 杭州 : 浙江人民美术出版社，2023.4
ISBN 978-7-5340-9983-0

Ⅰ. ①福… Ⅱ. ①张… ②黄… Ⅲ. ①古琴－演奏家－列传－福建 Ⅳ. ①K825.76

中国国家版本馆CIP数据核字(2023)第057154号

责任编辑 余雅汝
责任校对 张金辉
责任印制 陈柏荣
封面设计 沈 蔚

福建琴人史料辑录

张俊波 黄志禄 辑

出版发行：浙江人民美术出版社
地 址：杭州市体育场路347号
电 话：0571-85174821
经 销：全国各地新华书店
制 版：杭州真凯文化艺术有限公司
印 刷：浙江海虹彩色印务有限公司
开 本：787mm × 1092mm 1/32
印 张：5.25
字 数：100千字
版 次：2023年4月第1版
印 次：2023年4月第1次印刷
书 号：ISBN 978-7-5340-9983-0
定 价：88.00元